U0427472

超级用户

如何让用户参与拉新、促活、转化、裂变、渠道的全链路运营

易涛◎著

SUPER USER

机械工业出版社
China Machine Press

图书在版编目（CIP）数据

超级用户：如何让用户参与拉新、促活、转化、裂变、渠道的全链路运营 / 易涛著 . -- 北京：机械工业出版社，2022.5
ISBN 978-7-111-70572-7

I. ①超… II. ①易… III. ①企业管理 - 营销管理 - 研究 IV. ① F274

中国版本图书馆 CIP 数据核字（2022）第 060473 号

超级用户
如何让用户参与拉新、促活、转化、裂变、渠道的全链路运营

出版发行：机械工业出版社（北京市西城区百万庄大街 22 号 邮政编码：100037）
责任编辑：董惠芝
责任校对：殷 虹
印 刷：北京诚信伟业印刷有限公司
版 次：2022 年 5 月第 1 版第 1 次印刷
开 本：147mm × 210mm 1/32
印 张：7.75
书 号：ISBN 978-7-111-70572-7
定 价：99.00 元

客服电话：（010）88361066 88379833 68326294 投稿热线：（010）88379604
华章网站：www.hzbook.com 读者信箱：hzjsj@hzbook.com

推荐序

面对数字消费的无限性，今天的品牌已经表现出新的特性——必须围绕原创内容、数字体验和场景资产，要让用户黏性成为这个时代的真实要素。

易涛兄长期专注于社群研究与运营，在私域用户运营方法和实战方面颇有心得，堪称理论和实践兼具的实力派。其实在会员体系设计里，我们能感受到对超级用户的思考，因为会员体系设计不仅是传统的积分体系设计，也不仅是消费及会员等级的一种表达，更多的时候是一种新信用体系的设计。

易涛兄的这本书是兼具思维启发与实战的指南。在这里，我向大家隆重推荐这本书。在数字化用户资产的运营和企业门店数字化转型方面，这本书堪称全渠道触点高效运营的集大成之作，无论思维还是实践方法，对零售企业、服务行业，乃至新场景下的企业，都有借鉴的价值。易涛兄长期深耕一线，听得见“炮火”的声音，所以他的方法更多是“纸上得来终觉浅，绝知此事要躬行”的典范。希望易涛兄的这本书能够给更多的私域用户运营和会员体系的设计者以启发，让他们少走弯路，以便更加深入地完成企业数字化转型。

从这个意义上讲，在新产品、新场景层出不穷的今天，我们也需要不断提升用户运营能力，缔造更多的DTC平台、DTC品牌，而易涛兄的这本书可以说是难得的应景之作。

吴声

场景方法论提出者、场景实验室创始人

前　言

扫描二维码，
收看全书导读视频

中国是世界上互联网发展最快的国家。从基础设施来说，到2021年10月，5G网络覆盖了所有地级市，基站数量达到115.9万个，占全球的70%以上，如今还在持续快速增长。从网络内容来说，中国的网络内容平台上图文、音频、视频等内容，已经不是编辑在生产，而是一个又一个用户在生产，而且用户生产的内容包罗万象，知识传播、文化渗透、信息传递、社交沟通、商业种草应有尽有，由此也诞生了一批对企业有巨大营销作用的主播。从用户习惯来说，网络已经不只是娱乐方式，而成了一种生活方式。吃穿住行康乐寿，网络可以解决得更快，也让生活变得更美好；沟通交友拓圈层，网络能够一键直达，让心与心不再受时间和空间距离的束缚。

互联网让世界变成了平的，加上共享经济的加持、资源配置效率的提升、私域运营在全民的普及，沟通连接被赋予了新的商业价值，个体变成了重要的价值创造单元，与组织有了同等的话语权，在商业重构中甚至可以超越组织承担重要的角色，演绎更有突破性的变革式增长。

小米让发烧友参与设计和营销，拼多多调动消费者一键分享，樊登读书会请会员做代理商，快手助小镇青年成了一股神秘力量……这些耳熟能详的案例，都有一个熟悉而陌生的身影，那就是“超级用户”。他们曾经是企业价值的终端，如今却成了企业获得突破性发展的支点。

对于飞速发展的互联网行业来说，这都是历史了。如今流行的是，具有某类特性的超级用户成了商业重构的重要推手，也成了经济发展的要素。只有拥有这种类型的用户，企业才可以突破传统模式，实现利润持续增长。在这种形势下，一种新的商业模式——超级用户模式，赫然诞生。

蔚来汽车让超级用户做销售代理，并设立用户信托，让超级用户享受股权；三节课请大学生来做实习助教，让他们在教中享受二次学习的机会；元气森林选择年轻用户做员工，让员工设计自己喜欢的产品；完美日记设计小完子人设，和超级用户进行沟通互动……超级用户已经成了新兴企业不可缺少的基因，也在不断延伸自己赋能企业的价值。这就是我写作这本书的缘起。

在消费趋势大变革，数字化技术得到全面推广的今天，新兴企业实现亿万级的增长不再是神话。增长成了所有品牌的目标，因为没有增长，就等于死亡。企业通过打造良好的产品和服务体验，通过线上、线下结合，打破消费空间，延伸服务半径，通过定义消费场景等措施，吸引目标用户高频消费、忠于品牌。而要完成这一目标，企业离不开超级用户，同时要精准筛选超级用户，进行有效互动，持续重组资源，共创互赢局面，创造突破性增长。

“超级用户”并不是一个新的概念，得到App创始人罗振宇就曾提出超级用户思维，但他的中心思想是：企业不但要关注用户量，还要关心用户的质，运营最有价值的20%的老用户，和他们建立可信任的长久关系，这样就可以持续不断地获得利润增长。

罗老师关注的是用户给企业带来的持续价值，而本书关注的则是企业将超级用户嵌入自己的生产运营各环节，获得不可想象的增长。比如我在创业黑马和同事们一起操盘的“黑马运动会”“黑马会”，就是赋能对创业黑马超级认可的老用户，让他们参与到产品设计、推广甚至销售，以达到惊人的效果。又比如吴晓波是小鹅通的付费用户，他发现小鹅通的价值后，主动为小鹅通做推广，让小鹅通迅速成为知识付费领域的工具。通过这些案例，我得出一个结论：1%的超级用户确实可以撬动99%的增长。

从用户定义上看，一个下载者或者一个消费者都是我们的用户，可以承担企业运营链路里的多种角色：拉新者、促活者、转化者、裂变者、渠道者。我称这一小部分对企业做出超级贡献的用户为“超级用户”！

超级用户具有四大特点——超级认可你、超级有资源、超级有驱动力、超级投入，并具有两大特性——可连接性、开放性。超级用户大部分是个体，但拥有企业无法拥有的资源。一个企业引入超级用户承担生产运营的重要职责时，很可能会迎来全新的商业前景。

我之所以对超级用户有这样的认识，得益于这些年的工作经历。大学期间，我在58同城实习过。58同城当时还是一个中小型互联网公司，我负责的是北京圈子板块，做社区维护，从那时起建立了对社区基本的认知——让用户创造内容的社区是好社区。2009年毕业后，我去了社会化营销老师杜子建的华艺传媒担任“微博研究员”。这段经历让我对新媒体社交有了全新的理解和认知——和用户持续互动就是好的服务方式。当时正是新媒体萌芽阶段，没有经验可循，凭着对网络内容的热忱，我逐渐成长为微博运营专家。

2011年年初，我被杜老师推荐给创业黑马的牛文文老师，进入《创业家》杂志，参与了杂志从传统媒体到创业者服务机构的转型，在很短的时间内，将《创业家》杂志的微博粉丝从20万做到了200万，成为财经微博里的第一，成功扩大了品牌影响力。《创业家》微博粉丝增长这么快，很大一部分原因与企业家、投资人、蓝V的互转效应有关。这段经历让我对用户运营的认知有了很大飞越：把1%的用户经营好能产生巨大影响力。

在创业黑马负责新媒体和营销板块期间，我策划了诸如“送四万瓶酒，四万本杂志”的营销活动，上千家ToB企业参加的“黑马伙伴计划”，这些营销事件的底层思维其实都是“找准超级用户需求，激发他们进行行动”。而我从编辑做到新媒体负责人，再做到市场负责人，并成为集团副总裁，同时也幸运地成为公司的第一批合伙人。在这个过程中，我参与筹划和运营“黑马会”，创立了“黑马创交会”等系列线下活动。仅用三年时间，“黑马会”就在全国扩建了31个分会，增加了2万多名会员。“黑马会”走在了社群营销前列，成了国内商业化社群典型的成功案例，运营模式广为传播。

我在创业黑马工作了9年（2011～2019年），参与并见证了流量从微博到微信、从微信到社群、从社群到移动互联网、从移动互联网到下沉市场。我深深认同前老板牛文文先生在2014年总结的创业黑马的实践方法论：内容产品化、产品服务化、服务众包化、众包平台化。现在仔细想想，创业黑马的方法论正是超级用户诞生的商业底层逻辑。

2020年，我发现很多企业遇到了线上流量红利和线下流量红利消失的困扰。为此，我创办了“入座会”和“在座咨询”。ToC的“入座会”是我的私域，有2万多微信好友，他们大部分是企业创始人和投资人、意见领袖、个人品牌操盘手。ToB的“在座咨询”则提供企业私域体系搭建、会员体系搭建及产品创新设计、超级用户引流与运营陪跑式咨询及企业内训，为企业解决私域流量领域用户价值挖掘、用户黏性提升、用存量做增量这三个棘手问题。

在这两年的工作中，我逐渐提炼并丰富了“超级用户”这个特别的商业概念，并总结整理了我对超级用户的认识以及驱动超级用户的实践方法论。未来的商业社会，超级用户依然会是新的爆点、新的转折支点。

我曾经看过这样一段话：最强悍的能力是获得能力的能力，最高效的效能是压缩时间的效能，最有力的杠杆是撬动人心的杠杆。

而超级用户拥有最强悍的能力，可以承担企业生产运营各个环节的重任；超级用户有最高效的效能，可以瞬间抵达目标用户群；超级用户是增长最有力的杠杆，一个超级用户可以带来成千上万的流量。因此，引入超级用户方法论，企业可以升级商业模式，重构用户关系，获得快速增长。

目　录

第1章

拥抱超级用户时代

扫描二维码，
收看章节导读视频

这是一个拥抱超级用户的时代。谁不想有一群让企业从0到1、从1到100万的种子用户？谁不愿三四线城市的小分销商也能为企业带来千军万马？可对大多数商家来说，“超级用户”只是一个可望不可即的美梦。它们常有这样的疑惑，为什么我们面对用户时，发红包，没人理，搞促销，说是套路，结果是成本飙高，效率低下。面对这样的困境，到底该怎么破局？

为什么有的企业从0到1、从1到100万能瞬间引爆？

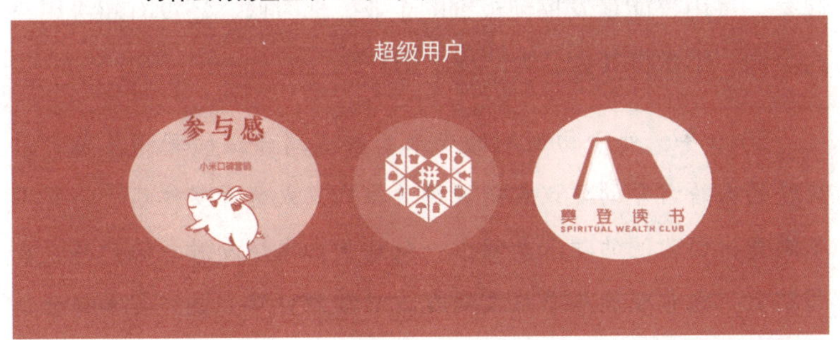

1.1 超级用户在各行各业爆发

互联网商业发展到今天，已经进入一个极端状态：全民皆商，生意难做，用户的心思越来越难以捉摸。不管看得懂看不懂新的商业模式，也不管玩得转玩不转私域，越来越多的商家把决胜未来的法宝压在了“超级用户”身上。

超级用户是一个神奇的存在：他们自带流量、潜力巨大；他们帮企业低成本获客，完成从 0 到 1、从 1 到 100 万的快速增长；他们能低成本运营，保障企业利润增长和稳定发展。超级用户已经从消费者变为资源接口者，又变为组织利益输送者。企业和超级用户之间从博弈方变成了共创、共享价值。各行各业都有超级用户在点石成金。

1.1.1 铁杆粉丝——小米的超级用户

移动互联网时代，小米的商业故事堪称经典。提到超级用户，小米是一个绕不过去的里程碑。小米可以说是第一批靠用户起家，将用户能量发挥到极致的企业。那时候，还没有超级用户这个词，小米将其命名为“种子用户”。

2010 年，处于初创期的小米，找不到合适的营销总监。来应聘的人给雷军的建议都是做投放推广，或者开实体店。雷军很不满意，因为他的理念是做出一款让手机发烧友满意的产品，在营销上，也希望能从手机发烧友这里做出口碑。最终雷军将营销重担压在了黎万强身上，他给黎万强定下重任，不花一分钱将小米用户增加到 100 万。0 预算做到 100 万，怎么做？

“巧妇难为无米之炊”这句话被黎万强打破了。他选择了论坛，论坛是做口碑最好的地方。他带领团队到各大论坛上去寻找手机发烧友。几人注册了若干账号，在论坛上和发烧友讨论手机，从设计研发到产品体验，同时见缝插针地推广 MIUI。

这段时间，他们着重关注了 1000 个重度发烧友，经过观察，最终从这 1000 人里选出了 100 人，即小米的种子用户。这些种子用户都希望市面上能有一款特别符合自己喜好的手机。从价值上来说，他们都是具有一定影响力的人。黎万强邀请这 100 个人参与到 MIUI 的设计、研发中，并专门为他们提供了反馈通道。

这 100 个人是 MIUI 最初的铁杆粉丝，他们不但参与了设计、研发，还直接参与了运营，通过新媒体向所有人推荐 MIUI，介绍 MIUI 的优点，在有人抹黑 MIUI 时，还第一时间站出来发声。

在这群种子用户的支持下，MIUI 口碑极好，用户量稳步增加。到了 2013 年 7 月时，小米用户总数突破 1700 万，从前的无名之辈用三年迈出了极为坚实的一步，如图 1-1 所示。

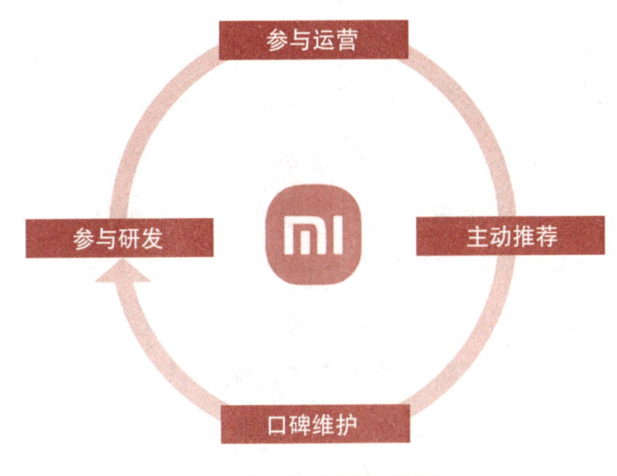

图 1-1　小米的超级用户

这个事件可以看作企业利用超级用户共创产品、传播产品的典型成功案例。与该事件相关联的是当年的流行热词："参与感""粉丝经济"。小米的种子用户也被称为"超级粉丝"。叫什么并不重要，重要的是，小米定义了一种思维模式，即"超级用户"思维模式。用户不仅仅是消费者，其身上还有很多价值等待企业挖掘。之后各行各业超级用户的爆发，或多或少都有小米的影子。

1.1.2 宝妈——小步在家的超级用户

早教头部品牌"小步在家"的前增长负责人邓非与我交流时说，他带领小步早教3年内将创收从0做到了10亿元，2020年更是凭仅20人的团队一年创收5亿元。对小步早教增长起最关键作用的就是老用户——宝妈，2万名宝妈成为小步在家的超级用户。

小步早教的运营团队只有20人，却管理了2万个核心宝妈。团队中负责管理培训的只有2人。为了获得增长，团队要设计很多活动，需要人落地，但落地靠2人是无法完成的。让人不敢想象的是，落地和执行靠的全是这些宝妈。

宝妈不是员工，她们凭什么愿意跟随并信任邓非？很简单，因为他十分了解这个群体。邓非每年要与几百个宝妈线下见面，平均每人聊40分钟。在交流过程中，他发现了宝妈的核心需求点，即陪伴孩子需要付出耐心，同时还要忍受辞职后的孤独感以及没有收入后，在家庭经济压力下的无力感。邓非据此提出了两个价值观，即帮助小步早教宝妈可以获得：第一，高质量的陪伴；第二，有尊严的收入。陪伴本身就是当妈妈的义务，而帮小步的话又能获得报酬，谁不愿意一举两得呢？正是这两个价值观，让宝妈自愿加入小步成为企业外部员工，帮其拉新裂变，实现了稳定增长。也就是说，企业和用户互相赋能，同时获益，如图 1-2 所示。

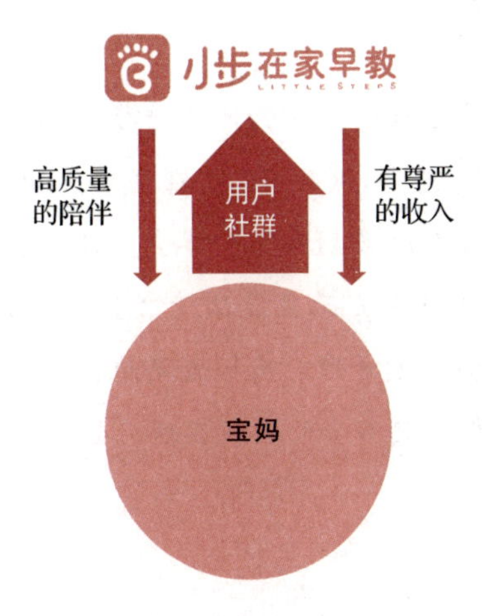

图 1-2　小步早教的超级用户

宝妈是儿童教育、母婴产品的目标消费者，也是拥有时间、信任背书和痛点场景的人群，同时她们具有充分的动力源，可以被企业驱动，这是她们能成为企业的超级用户的三大因素。宝妈往往都有自己的宝妈交流圈子，信息非常容易扩散，容易搭建社群并运营社群。

其实，在微商爆发的那几年，宝妈也是微商发展的重要群体之一。宝妈做微商的核心驱动力就是能增加家庭的收入，同时还可以扩展自己相对闭塞的圈子。

1.1.3 区域代理——樊登读书会的超级用户

为什么最近几年学习交流会、读书会能火爆起来？首先当然是产品本身有价值，有人需要通过阅读探求未知。这点买书就能解决，读书会的价值更在于社交价值，甚至通过读书会赚到钱、获得人脉和生意机会。

樊登读书会在2017年11月的用户数为300万，可短短一年后，用户数迅速突破了1000万，并在全球2400多个城市设立了授权点，举办了35000多场线下分享会。让樊登读书会更快增长的，就是不但喜欢读书，而且能从读书会获取更多价值的群体。这群人在当地具备一定资源，有经营场地，同时还有一定的运营能力。他们就是樊登读书会的区域代理，如图1-3所示。

图1-3 樊登读书会的超级用户

区域代理就是樊登读书会的超级用户，大部分是中小企业主，比如，三四线城市的教育培训机构做读书会，嫁接了平台资源，使其在本职之外获得了附加收入。同时，平台也嫁接了超级用户资源，获得了快速增长和稳定发展，二者相互依存。

其实，凡是拥有场地、时间和资源的人群，都可能成为各类企业的超级用户。比如，百货店个体老板是社区团购的超级用户，医生是健康消费业的超级用户，三四线城市门店创业者是连锁加盟模式企业的超级用户。

如今，各行各业的超级用户遍地开花，成为诸多企业的重要资源。

1.2　什么是超级用户

很多人认为持续复购或者持续推荐的用户——铁粉，就是超级用户。超级用户其实不是简单的用户里的 VIP。企业的传统用户思维是企业视角，和用户关系是分开来看的，即一方提供产品和服务，另一方购买和使用。沿用这种思维定义超级用户，就低估了用户的潜能，曲解了超级用户的价值。因为超级用户对企业的贡献不仅限于购买和推荐，而是参与到企业经营中，扮演各种角色。

1.2.1　超级用户的定义

超级用户具备 4 个特征，即超级认可你、超级有资源、超级有驱动力、超级投入，如图 1-4 所示。

如何判断这 4 个特征？如果企业中后台的数据建立比较完善，数据就会告诉你答案。你能掌握的用户数据越多，维度越多，就越能准确判断出用户阶层、收入、职业、身份、价值，从而判断出谁是超级用户。

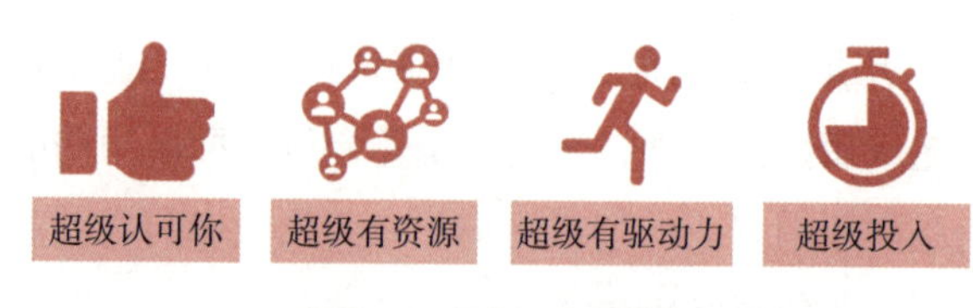

图 1-4　超级用户的特征

其中，超级认可你和超级有驱动力是需要企业发力的部分。超级认可你是成为超级用户的第一前提。只有认可企业的用户，才愿意和企业建立连接；在多次触达中，用户始终对企业具备较高的认可度，才可能具备超强的驱动力，愿意为企业做更大的贡献，成为企业的超级会员。

这里解释一下驱动力，简单说就是企业用什么样的方式可以驱动用户为你行动，进一步说，就是怎么做，用户才愿意为你而“超级投入”。不管是拉新、运营，还是转型、裂变，用户愿意投入的时间、资源和资金越多，商家就越容易达成目标。

上面我提到小步早教，邓非向宝妈输出了两个价值观：一是高质量的陪伴，二是有尊严的收入。这就是企业赋能用户的驱动力，也是用户认可企业的核心价值。而宝妈对荣誉、身份和赚钱机会的需求，则是用户内在的驱动力。双方一拍即合，才会产生超强驱动力。

1.2.2　B 端与 C 端都能产生超级用户

比如最近特别火的一个行业——社交团购，大多是利用超级用户来驱动模式增长的。平台通过发展小区周边的 B 端店主成为超级用户，提供 SKU（一个商品链接即一个 SKU）。SKU 背后是供应链、物流、大数据、内容、客服培训等。企业依托这些资源，赋能 B 端店主，直接拉新，再去运营这些用户。

选择 B 端做超级用户的好处是：它们本身有运营经验，而且具有较好的资源，容易以利益驱动它们更快速地冷启动。选择 C 端做超级用户的好处是：容易发展，更容易组织和培训，一旦获得驱动力，其爆发力未必弱于 B 端。具体选择哪种，企业需要根据商业模式来做判断。

以微商为例，2019 年微商从业者规模是 3000 万。疫情爆发后，这个数字则变成了 4000 万。这么多人从事微商就已经证明了行业需求、B 端需求甚至 C 端需求都非常大。

微商只是“超级用户”C 端案例中的一个。前几年，很多白领也在拉群做代购、内购，这都是业余时间利用企业赋能，去做自我流量和资源的变现，以此获得额外收入。很多用户在企业中扮演的超级用户，甚至比企业内部的员工做得还好、赚得还多。在超强的驱动力下，C 端的资源与爆发力是企业难以想象的，如图 1-5 所示。

图 1-5　B 端和 C 端都能产生超级用户

1.2.3　超级用户在企业中扮演的角色

超级用户在企业中扮演的角色可以根据销售模式来确定，例如在连锁加盟业态中超级用户可以扮演代理商、经销商、加盟商、会员、KOL 五种角色，如图 1-6 所示。

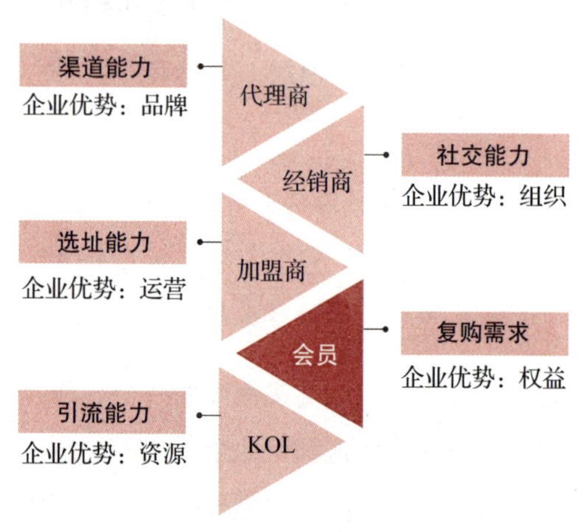

图 1-6　超级用户在连锁企业中扮演的角色

传统企业的生产运营是个闭环，各个环节都有固定的职位要求，按照这样的职位要求招募员工即可。但超级用户打破了传统的分工模式，成为企业的外部员工。小步早教案例中的宝妈承担了销售角色；社区拼团团长承担了推广角色，为企业拉新；KOL 为企业带货，承担的也是销售的角色；像“菜鸟驿站”这样的加盟商承担的是物流角色。

需要注意的是，微信对企业做裂变的控制越来越严苛。当前做裂变最好的方法，就是给予用户角色、权益和义务，给用户赋能，因此，超级用户是做裂变的一个最佳选择。

1.2.4　超级用户的产业互联逻辑

阿里巴巴曾鸣教授曾将以超级用户为运营关键的商业模式称为“S2B2C 模式”，这是产业互联逻辑，也可以称为平台赋能型的商业应用逻辑。如图 1-7 所示，从产业互联的角度来解读超级用户存在的意义，超级用户是解决上游供应商、电商和用户痛点的重要人选，是在当下的商业环境里连接以上三方关系最合适的桥梁。

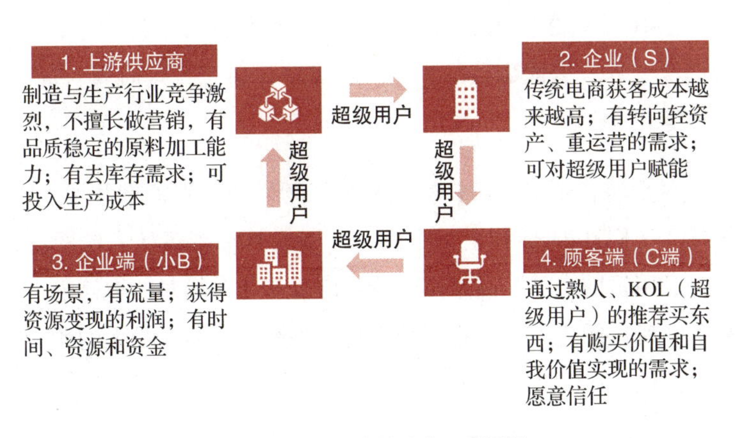

图 1-7　超级用户的产业互联逻辑

当前，全球经济增速放缓，逆全球化浪潮加剧，加上疫情影响，各国都忙着将转移出去的产业回收，试图在国内建立全产业链，中国的制造业和外贸因此受到强烈冲击。国内的电商也面临模式转型，如直播电商、社交电商的兴起。同时，宅经济和新零售促发消费市场进入了升级和转型中，这些变化都给供应商带来困境。它们面临的最大问题是产能过剩、库存压力增大，迫切需要找到更多的销售渠道。

如今，整合供应商资源已经成为透明和容易的事。随着各行业对供应商资源的整合优化，产品开发、模具生产等成本降得非常低。如果企业本身就是 S2B2C 模式的话，传统电商已非常不适合，除非是头部或有足够多的线下流量。除此之外，大多数企业在电商平台的获客成本越来越高，导致不断压缩人力成本。

但企业愿意投入资源，同时有现成的运营能力，尤其是对用户端的运营能力，还有工具、品牌、产品。它们的核心需求则是获客。

小 B 端有线下门店、渠道资源。而它们的核心需求是要把这些资源变现，变成赚钱的生意。这类群体愿意投入时间、资源、资金等。

对于顾客来说，购物则是从货架场景转换到被推荐场景中。从熟人、KOL 的推荐里买东西，发展成越来越多的人给朋友推荐自己用过的产品，商家则给予对应分成。市场对这类需求也越来越旺盛，因为人人都希望获得物美价廉的产品。最大的购买理由是信任——信 KOL、信熟人。

1.3　用户不是流量

用户和流量是两个常见词汇，之前我们基本将这两个词等同起来，但随着营销不断进化，我们越来越发现，用户和流量之间有着明显的区别。

1.3.1　何谓用户，何为流量

用户和流量在不同商业时期的意义不同，如图 1-8 所示。

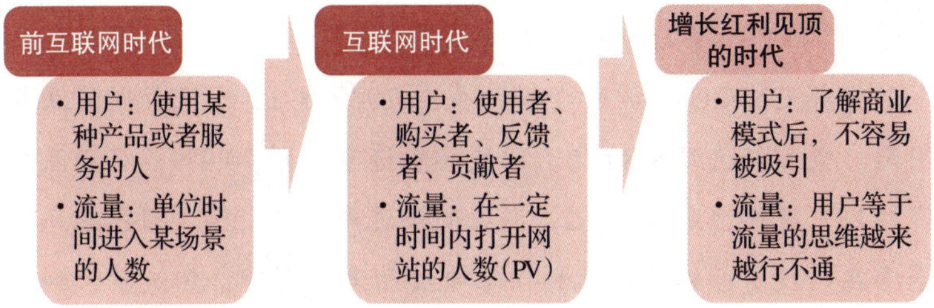

前互联网时代
- 用户：使用某种产品或者服务的人
- 流量：单位时间进入某场景的人数

互联网时代
- 用户：使用者、购买者、反馈者、贡献者
- 流量：在一定时间内打开网站的人数（PV）

增长红利见顶的时代
- 用户：了解商业模式后，不容易被吸引
- 流量：用户等于流量的思维越来越行不通

图 1-8　互联网不同时期的用户与流量

（1）前互联网时代

用户是指使用某种产品或者服务的人，流量是指单位时间进入某场景的人数。例如，线下商家寻找好地段、做广告、设计促销活动，因为经过的人多，触达的流量就多，容易提高销售额。

（2）互联网时代

在这个时代，人们更关注大平台流量，也为流量做了定义，即指在一定时间内打开网站的人数（即 PV）。在消费者逐渐向互联网和移动互联网聚集的初期，流量基本等同于传统意义上的客流量。从业者把用户当作流量。这个时候的电商运营是在平台做投放，进行推广促销。

不过，用户不仅仅是使用者、购买者，同时还是反馈者、贡献者。比如，用户在博客上写文章，在使用博客的同时，也为博客贡献了内容，反向为博客平台赋能，因为好的内容能吸引用户点击和关注。此时，用户和产品、服务之间是共生促进关系。

（3）增长红利见顶的时代

流量红利为什么见顶？它其实和网民规模增长、互联网的渗透率有关。

根据CNNIC的调研数据，截至2020年12月底，我国互联网用户数已经达到9.89亿，网民的渗透率达到70.4%；移动互联网的用户规模达到9.86亿，网民的渗透率为70.2%。网民的高渗透率在一段时间内为企业提供了重要的流量支撑，但流量红利向上增长的空间越来越小。

网民规模越来越大，渗透率越来越高，人们的生活和消费都发生了巨大的变化。

首先，整体上看网民增长见顶，手机的出货量增长率就是最好证明。同时，人们已经进入了信息获取网络化、生活网络化、消费网络化的状态。

其次，提供同类产品的企业越来越多，用户的选择越来越多，处处红海。同时用户了解各种商业模式后，越来越不容易被吸引。购物习惯逐渐个性化，于是商家传统的营销效果变差。

因此，用户等于流量的思维将越来越行不通。用户是一个个活生生的人，有思考、有情绪，这点企业必须重视。

另外，不少企业走出了运营新模式，用户价值被广泛挖掘。用户通过使用产品、服务，与企业间的连接更为密切、深入，同时用户的角色也更加多元。

1.3.2 如果把用户当流量，用户必然不重视企业

（1）用户是有需求的人

好的产品一定是解决了目标用户的一个需求或多个需求。海

飞丝当年为什么那么火，因为它解决了头皮屑的问题，但这还是停留在产品功能上。

在物质极大丰富的今天，用户的需求愈发多元化，尤其是年轻群体，要求不仅能解决头皮屑问题，还要味道好闻、包装好看，可以晒产品给朋友，这就要求产品最好同时具备社交属性。

用户的需求除了显性的，还有隐性的。对于奢侈品，其使用功能不是需求第一位，满足身份感和社交需求才是第一位；对于零食，用户购买不只是为了饱腹，还要能缓解工作压力，与同事分享；对于保险产品，用户购买是为了应对未来的不确定性，缓解焦虑感。

（2）流量思维本质是企业视角

传统的做投放、买流量是为了获客，同时也是在寻找自己人。什么是自己人，即使用企业产品和服务过程中逐渐对企业产生信赖，进而认同企业价值观的用户。这类用户会帮你主动免费地触达更多潜在用户，同时把产品和服务推荐给他们。而这些被成功种草的陌生用户里也会出现这类用户，从而促进企业不断增长。所以说，用户对企业的价值绝不局限于消费这一点上。

过去，企业很少考虑用户价值的挖掘，因为获客容易。现在，企业应该多关注当下，从现有用户入手，纵向挖掘其更多价值，这与获客同等重要。而研究并洞察用户核心需求，挖掘用户更多价值的过程就是培养超级用户的过程，如图 1-9 所示。

不过，我们需要注意两点：首先，以电商为例，社交电商、搜索电商、普通电商和内容电商的运营模式各不相同，流量的属性自然不同，后续的转化方式和变现模式也自然不同，不能一概而论。其次，不是每个用户都可以转化成超级用户。企业和用户是互相选择、同时进化的关系。这种互动是一个极其复杂的过程，因此要求寻求改变的企业必须从运营模式到思维逻辑进行彻底思考。

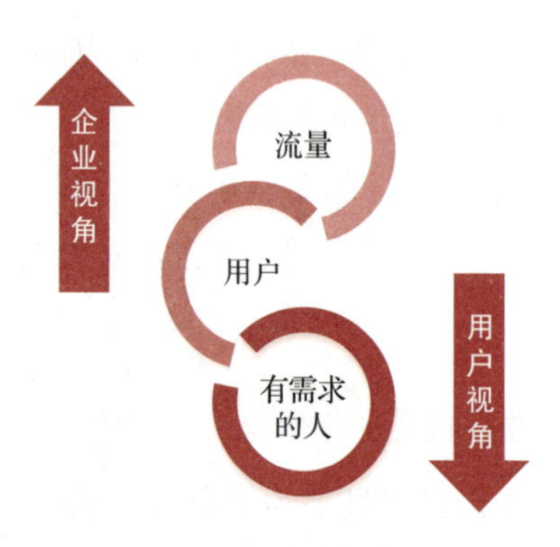

图 1-9　超级用户培养过程

1.3.3　从流量思维到用户思维

如今全民皆可商，这让商业效率极大提升。企业必须认清用户需求趋势的变化，不断迭代运营逻辑，才能在竞争中占据优势。

（1）流量思维

对于流量思维模式，商家给用户的定义只是买单者。用户感受到自己是商家薅羊毛的对象。商家运营的逻辑是先制造出产品，然后再去找销售渠道或者直接销售。

生活中经常会发现，很多企业的售后渠道很难找，好像特别怕被用户发现一样。它们将主要资源、精力都放在获客上，目的仅是达成销售。当下信息透明度越来越高，口碑传播的广度和速度远超之前，所以这种思维模式的企业在未来几乎无法生存。

（2）用户思维

对于用户思维模式，企业则把主要资源和精力放在运营用户上，把用户当朋友。产品和服务都是有温度的，考虑核心是用户的情绪和体验，通过维护同用户的关系，不断强化印象，占领用户的心。

人的需求都是复杂的，多触达一次用户，就多一次洞察用户需求的机会。必要时，企业可以加入某些场景进行考虑，即人在什么样的场景下需要什么样的产品。

以茶叶为例，以前的茶叶只根据制茶工艺来分类，如红茶、绿茶等，而现在的茶叶按使用场景分为商务茶、厨房用茶、出行茶。比如酒店里的小罐茶就非常受欢迎，因为人们出行的时候，小罐茶方便携带，而且不容易浪费，这就是将人的需求场景化。

用户思维重视用户的信任度，但容易陷入“术”中无法自拔。很多企业没有换位思考，只看到私域风口兴起，结果学得其表，内里依然将用户作为随意收割的“韭菜”。“术”应建立在“道”之上。

超级用户驱动企业增长，把用户思维做到了极致的结果，不但把用户当成了有需求的人，还对用户价值进行了彻底挖掘。

混沌大学创始人李善友教授分析过拼多多的商业模式。他认为，拼多多与传统电商的区别是，传统电商还停留在流量至上的模式，而拼多多已经进化成“以人为先”的商业新模式，并且已经开始挖掘用户多元的价值。在拼多多，用户不只是消费者，更是分销者。

拼多多深度挖掘了用户的社交资源价值。它深知，每位用户都有各自的圈子和资源，谁的微信都有几百上千的好友。这是企业完全不具备的资源。

需要注意的是，寻找超级用户，并不意味着简单粗暴地找能量大的人，比如大 IP，而是先从眼下着手，将现有用户的资源、能力和意愿做分层，再从中匹配企业资源来赋能用户。

1.4 用户价值挖掘得远远不够

挖掘用户价值是未来企业运营的核心。在这方面，企业存在的问题主要是挖掘不到位，或者根本就挖错了方向。

不到位是因为对用户的需求和价值洞察不够。方向错误是因为没有做用户调研、市场调研。二者对比，后者更可怕。

整个用户价值挖掘的运营链条，其实在用户付费后才刚刚开始。将资源、精力、金钱转到用户运营上并不意味着就放弃了获客，反而前者还能赋能后者。因为用户价值挖掘得越深，复购、转介绍越多，口碑传播越广，相当于变相降低了前端的获客成本。

1.4.1　用户价值分类

用户价值大致可分为以下几类（见图 1-10）。

图 1-10　用户价值分类

（1）收益价值

这是用户对企业最直接的价值。付费是用户和企业连接的开始，通过付费购买，用户体验到了产品和服务，形成了对企业最直观的印象。从这个维度出发，用户体验过后是否决定继续购买，是否愿意尝试企业的其他产品和服务，除了产品和服务本身外，与企业的运营动作直接相关。

营销学之父菲利普·科特勒公布过一个调研数据：企业拉来新用户的成本是留住老用户的 5 倍。如果老用户流失降低 5%，等于获客成本降低了 25%。

另外，据中国电子商务中心公布的数据：一个购买后感到满意的用户平均能带来 8 笔潜在生意，而对购买产生不满的用户，可能会影响 25 个人的购买意愿。

以存量做增量，留住老用户并激发他们的活力，绝对是事半功倍的事情。

（2）创造、传播内容价值

信息爆炸时代，信息从生产到传播到触达，呈碎片化状态。用户不仅接收信息，还能加工、生产信息。人都有表达自己的需求，如分享转发、朋友圈晒图，都是用户在通过产品彰显自己的品位、爱好、价值观。其本质是通过内容传播满足自己的社交需求。我们作为用户也有切身体会，如果推荐的产品被朋友购买，好像就是自己被他人认同一样。而且很多人在介绍自己喜欢的东西时，表达能力并不差。所以，用户创造产品内容并传播的价值已不容忽视。

（3）社交、圈层价值

哈佛大学心理学教授米尔格拉姆（Stanley Milgram）的“六度分隔理论”的中心内容是：“你若想认识任何一个陌生人，通过 6 个熟人关系就可以找到他。”

当下在全民自媒体时代，其实不需要 6 步，一步就够了。人和人的连接不需要语言沟通、线下见面，一个点赞、转发、评论就建立了。

不要以为这种连接没有意义。因为不论娱乐圈、商业大佬抑或草根、网红，都在尽可能地扩大对外的连接，吸引更多粉丝。这意味着，一旦他发布信息，可以第一时间连接到更多人，影响力也会更大。

对于每个个体来说，不谈其他平台，至少还有成百上千好友在微信中。朋友圈就是我们的媒体平台。而相对于大 V 的推荐，熟人的推荐反而更具可信度，感受更加直观。

人群的细分化、使用产品场景的多元化，让每个小圈子都被有效触达，让每个用户的社交价值都得到充分挖掘。可以说，这是未来企业需要思考的重要方向。

除了个体之外，B 端的各类服务商、小微企业具有更多资源。比如分销商、代理商、加盟商有选址能力、人脉资源、渠道价值和运营价值。而 KOL 是所在圈层的内容和传播 IP，具有传播价值、运营价值和带货价值。

（4）时间和精力价值

用户的时间是有限的。你占用用户一分钟，竞争对手就少一分钟。一款能占据用户大量时间的产品，其价值不可估量。时间的有限性、平台的排他性，决定企业在用户争夺战中的竞争力。用户关注的时间、耗费的精力与企业连接深度正相关。

以抖音为例，它一面市就占据了各大应用排行榜的榜首，连微信都受到了挑战。不管是在家里、路上，还是休闲时间，人们都在关注着抖音。为此，微信不得不用视频号来应对这个局面，为的就是将用户的时间夺回来。

用户的关注，是对企业价值肯定的最直接表现。用户的关注力，就是用户的价值所在。

（5）情感和情绪价值

人有情感，有情绪。抖音之所以有今天的局面，就是它通过去中心化的短视频内容，让人产生情感、情绪共鸣，并以此传播了出去。视频相比于音频、文字更直观。且相比于大V，草根更为真实。同时人们的时间呈现碎片化，因此耐心非常有限。这三点都被抖音把握住了。其中，内容的搞笑和娱乐性让用户产生愉悦感；内容的传奇性为用户提供了谈资，提供社交价值；而最重要的，就是自我实现的价值感——抖音不仅可以让一个普通人迅速蹿红，还能实现流量变现。

对于人的需求层级来说，自我实现是最高级需求。所以，荣誉感、身份感是驱动超级用户的最有效手段。不管是何种商业形式，培养超级用户都要打造驱动体系。

1.4.2　如何充分挖掘用户的价值

挖掘用户价值要从以下两个方面来攻克。

（1）重塑与用户的关系

要想找到并发展超级用户，进而驱动增长，企业就需要与用户融为一体，做到共情、共振、共创、共赢。四者是先后关系，非并列关系。

首先，只有企业的价值观得到用户的真正认同，用户才能和企业共情。正是因为洞察到用户的核心需求，企业才能对用户产生强大的号召力。

其次，达到共情后，用户更容易对企业的各种行为同频，即共振，讲用户的故事，说用户的话，进一步增强用户黏性。

一家医院为缓解孩子做 CT 时产生的恐怖心理，推出了一款海盗风格 CT 机。机体绘成了船舱的样子，上面还加了船舵，就连房间墙壁、地面、运输带底部，都画了海盗的故事。孩子们见到这种 CT 机会非常轻松甚至兴奋，自己主动爬上 CT 机运输带，想要一探究竟。这就是医院采用的共情方式。

再次，深度挖掘用户的多种价值，给予用户参与企业共创的机会。用户不是单向接受服务的一端，也是帮助企业打磨服务和产品的重要一环。我们发现，市面上优秀的产品和服务往往都是半成品，方便用户针对产品和服务进行二次设计。比如对于手机、电脑系统，用户可以根据自己的喜好调整很多功能。再比如对于知识付费产品，用户可以提炼并分享心得，参与分享的优秀用户能够获得对应奖励和荣誉。

用物质或者精神激励的方式刺激用户的转发欲望，以达到拉新目的。用户获得满足感的同时，也挖掘了自身的社交关系网，可以持续为企业贡献更多的价值。

最后，企业和用户共赢。这点上最具代表性的就是和用户利润分成。虽然企业先用价值观吸引到了用户，但长期来说，没人愿意一直免费为别人做事。否则，这个事无法持续。给予用户利润分成，才是真正把用户当成自己人，也才能刺激用户贡献更多的价值。

（2）挖掘用户价值的 3 个阶段

挖掘用户价值分为 3 个阶段，如图 1-11 所示。

第一阶段：提高与用户的互动频率，核心目的是提高用户的复购率。

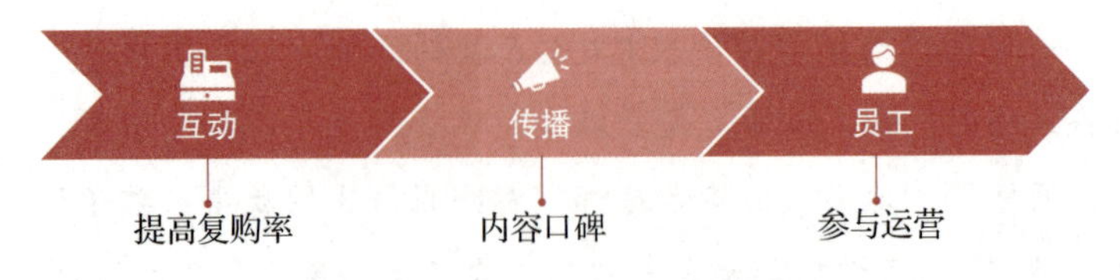

图 1-11　用户价值挖掘的三个阶段

为什么很多时候，我们有需求首先会想到某家企业呢？答案就是，用户的购买行为与双方互动频率正相关。互动除了微信、微博、电商等渠道，还包括门店、广告投放等。很多企业的复购率低，找我给出主意。其实问题不一定出在复购环节，而是围绕复购这个核心环节的运营不到位所导致的。企业很多时候缺的不是用户，而是运营。你不妨问自己以下几个问题。

我的产品或服务的价值中最独特的点是什么？

我自己所认为的价值和用户以为的价值是一致的吗？

用户第一次接触和购买产品时看到的价值点和我想传递的价值点是一致的吗？

我设计的每个环节，包括广告、公众号弹出的文案、加运营微信后的第一句话等，都有在强化这个价值点吗？

第二阶段：让用户创造并传播内容，核心目的是让口碑实现可视化。

让用户创造并传播内容包含两种形式：第一种形式是让用户自己生产内容并传播；第二种形式是企业生产好内容后，由用户来传播。很多企业重点发展具备拉新能力的用户，因为他们自带社交资源。

现在每个人都有自己的圈子和私域，微信也好其他社交工具也好，内容的输出和传播就是在贡献口碑。不论是好友推荐，抑或朋友圈晒图，甚至有人恶意诋毁的时候，用户支持、为企业辟谣也是内容传播的一种。

第三阶段：让用户承担企业员工角色，核心目的是让用户参与企业运营、降低成本。

需要注意的是，行业不同、产品不同，角色则不同。还是以连锁加盟代理为例，其在读书会和在线教育行业最为常见，即让用户承担一部分拉新、转化、运营的职能，如代理商、分销商、加盟商、会员、KOL 等角色。

大多数时候，用户更适合承担企业运营和销售角色。但也有例外，比如有些高价低频需要高专业度才能销售的产品，用户就不适合承担销售角色。

很多时候，用户只需要把新用户吸引到企业的场域就可以，比如到场、到店、进入直播间。

2020 年 11 月，我带了 20 多名会员去肆拾玖坊参访游学。肆拾玖坊每月都会组织一次“茅台酱香之旅”。和我们一起参加的有 500 多人，是企业从全国各地召集的。肆拾玖坊的舵主和股东们邀请各堂口认识的朋友，利用周末两天去茅台镇喝好酒吃美食，顺便参观茅台酒厂。

封坛大典是肆拾玖坊最主要的转化场景。通过吃喝玩乐增加信任后，用一句话打动你，比如女儿快出生，封一坛女儿红吧。封坛大典为企业转化了 2000 多万用户，根本不需要舵主和股东做转化。

卖货对用户的驱动方式与拉新不同，同时对用户资源和技能的要求也不一样，需要用户真正认同企业的使命、愿景、价值观，然后再讲述自己的故事，这样才能打动别人。

企业不仅受到地域限制，也受到时间限制。而用户是最好的补充，他们可以更直接地触达生活圈层的目标人群，可以带着大家学习，帮企业策划活动、讲解产品。

樊登读书会不缺用户，缺的是服务，但受限于客均单价低，找足够的员工非常不划算。可是因为缺乏服务和维护，续费率只有15%，完播率也低。

所以，樊登读书会打造的代理商体系同时承担了用户服务角色。它是怎么驱动代理商的？靠钱吗？樊登读书会的客均单价很低，一年365元，就算分一半也就180多元，而且一个城市发展1000个用户就很不错了，这当然不行。樊登读书会靠的其实是企业的使命、愿景、价值观。代理商分利润的同时还得到了身份认同感，比如企业创始人、合伙人或者组织发起人。代理商在当地都有自己的用户，而樊登读书会把这些用户也当成自己的用户。所以，代理商服务自己的用户就等于服务了樊登读书会的用户。这是一种强关联组织。

总之，用户是企业最重要的资产，长期愿意在企业消费、愿意共同承担企业营销推广责任的用户，对企业来说具有重要价值。企业要转变视角，将用户当成自己人，与用户共赢，才能获得长远稳定的发展。

1.5　赋能超级用户是破局关键

凯文·凯利说过："如果你是一名工匠、摄影师、音乐人、设计师、作家、App 制造者，你只需要 1000 个铁杆粉丝就够了。"

这里的 1000 个铁杆粉丝，也就是超级用户。在当前的商业环境下，全民皆商，即使竞争激烈，获客成本飙升，但不管是想从零开始创业，还是想在竞争中脱颖而出，也有破局之法，这就是找到你的 1000 个超级用户。

1.5.1　超级用户能打破增长瓶颈

普通用户的作用只有在形成规模后才会显现出来，而超级用户的作用能直接撬动公域流量市场。

以 IP 为例，2021 年 6 月底才创建的见解传媒视频号，在不到一个月关注人数就已经超过 100 万，拓展了 1 万多的导购和主播，日均营收突破 10 万。这个视频号之所以能做得这么好，首先是因为有杜子建，杜子建是一位颇具传奇性的人物，是"微博营销教父"，是大型职场节目《非你莫属》特邀嘉宾。其次，用户繁衍用户的速度也不容小觑。数据显示，10 万个关注里有一半是因杜子建而来，而另外一半是用户吸引用户。

具有影响力的大 IP 自带流量，是具有显性价值的超级用户。而超级用户不只是大 IP，很多是具有同一属性的圈层中最会表达且能够贡献内容、社交能力强的人，也是最具发展潜力的超级用户。

超级用户与传统品牌搭建逻辑上的不同之处在于，传统品牌搭建是从目标用户中慢慢沉淀出忠诚用户，但超级用户逻辑恰好相反，先找到忠诚用户，然后利用忠诚用户再扩展。互联网信息的传播具备多层次、广角度的特征，因此寻找忠诚用户的难度大大降低，如图 1-12 所示。

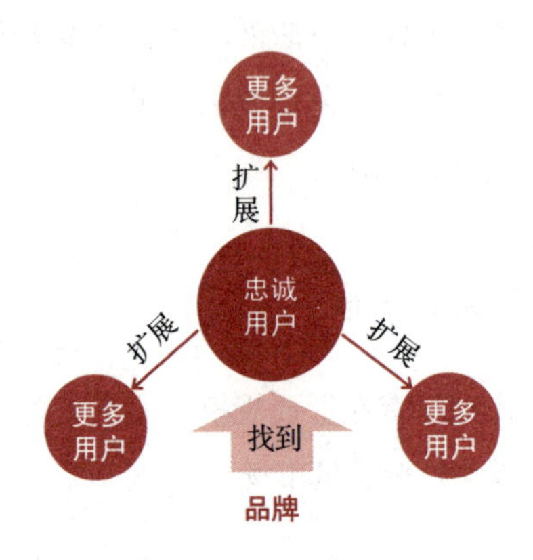

图 1-12　超级用户逻辑

1.5.2　超级用户能助力企业升级

互联网商业的最大特点是变化的速度快、角度广、力度强。与之相对应的是，用户的需求多元化，并且在不断升级。

如今的互联网，下沉市场在趋于饱和，懂市场规则的用户实在是凤毛麟角。对于“见过世面”的人来说，其需求早已升级，更加难以满足。

小步早教在运营超级用户时，常常把用户特别刁钻的需求包装成项目，让用户自己解决。对企业价值特别认同的用户，很快就会找到解决方法。比如，一位用户质疑小步客单价高，这让团队感觉比较棘手。结果这个问题被来自湖南郴州的一个宝妈解决了。这位宝妈在买菜时，灵机一动，对着一捆葱拍照，同时编辑了一段文字："你给孩子的投资，就相当于每天多买一捆葱而已。你还会觉得贵吗？"然后将其发给了抱怨客单价高的用户。

超级用户的意义就在于此，他们和企业不再是割裂的，而是共同体。超级用户逻辑可以无限扩大企业的生产运营边际，让更多的人加入进来。借用 2021 年罗振宇跨年演讲的一句话，就是"吾道不孤"。

1.5.3 超级用户能为企业的内容战略助力

内容和故事，是企业与用户建立连接的最好方法。好的内容不会让用户对营销反感，反而会被吸引，这样后续的优惠券、红包才会更有效果。因为用户关注的内容，才是用户的需求能得到满足的地方。

尤其是在算法时代，不同方向的内容被定向分配给用户。内容质量越好，内容产量越高，能吸引的垂直用户也就越多，用户的黏性也就越强。

自媒体的出现让用户有了表达的平台，也有了实现自我的新方式。用户有贡献内容的内驱力。那些超级用户在生产内容的过程中，不但可以寻找到目标用户，还可以转化用户，并最终使其成为卖货渠道。年糕妈妈生产的是内容，但如今已经成了卖货渠道；抖音、快手是短视频内容呈现平台，如今也成了卖货渠道。

内容对企业的增长具有巨大的催化作用，让内容流程化、标准化、可视化，能培养超级用户。超级用户则通过内容表达自己，为企业的运营发力，大大提高了企业的增长效率。

1.5.4 持久的保证：怎样驱动你的超级用户

找到超级用户，如何让超级用户留存周期变长，尽可能实现价值最大化，这是企业需要持续做的事情。

超级用户思维，终将成为商业界的共识（见图 1-13）。

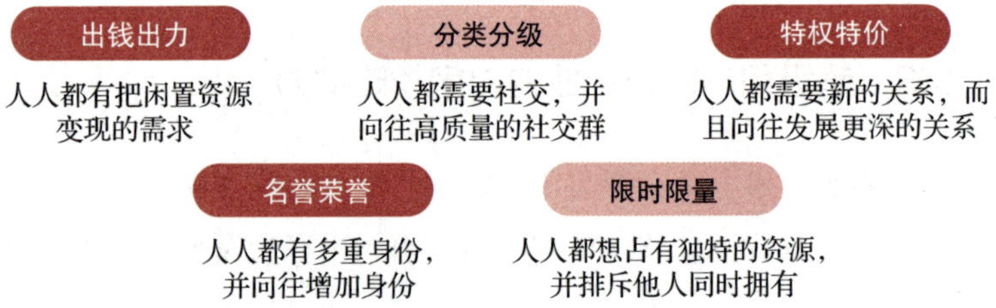

出钱出力

人人都有把闲置资源变现的需求

分类分级

人人都需要社交，并向往高质量的社交群

特权特价

人人都需要新的关系，而且向往发展更深的关系

名誉荣誉

人人都有多重身份，并向往增加身份

限时限量

人人都想占有独特的资源，并排斥他人同时拥有

图 1-13 驱动你的超级用户

（1）出钱出力——人人都有把闲置资源变现的需求

2021 年，社区团购突然火爆起来。其中重要的一个模式就是便利店老板与社区团购企业合作。这些老板手中有周边社区住户的资源，而这些企业无法更好地触达住户，所以需要便利店老板的资源。同时，便利店老板需要提升这部分资源变现效率，因此双方一拍即合。

（2）社交圈层——人人都需要社交，并向往高质量的社交群

将超级用户做分类分级，是运营超级用户的第一步。这是为

了后续运营用户铺路，不同层级、不同群体的特征不同，因而需求、运营策略也不同。

之所以很多企业家会面向商学院的同学和校友招商，核心原因就是能更好地驱动他们，而不只是为了变现。这类群体和企业家的圈层最吻合。招商本质就是让拥有共同价值观的群体一起加入某个圈子，一起做事，然后共同成长。

（3）特权特价——人人都需要新的关系，而且向往发展更深的关系

企业一定要针对不同层级的超级用户给予不同的权限和权益。这种机制会让超级用户自我驱动。这点很像游戏中的打怪升级。我们玩游戏的最大驱动力来自两个方向：横向、纵向。横向指的是对比其他玩家，总有比自己级别高、装备好的，攀比心理驱动玩家不断升级、不断进化。纵向指的是随着级别提升，解锁的技能、拥有的装备、打怪的经验都在提升，反过来被其他玩家羡慕，满足自己的虚荣心。

（4）名誉荣誉——人人都有多重身份，并向往增加身份

当年黑马会做各地分会，分会长就是通过筛选招募而来的。帮黑马会招募新学员的驱动力来自哪里？首先他们深切认同黑马会的使命、愿景、价值观，其次成为黑马会会长就拥有了社会身份，能帮助他们掌握更多创业资源，因此自身就是企业的核心“超级用户”，在得到身份后，进一步构建自我 IP。在这个过程中，企业的使命、愿景、价值观内化成他们自己的，从而获得更多资源。这些资源不仅提升了他们的名誉，还能反哺自己的主营业务。

（5）限时限量——人人都想占有独特的资源，并排斥他人同时拥有

我们发现，很多企业在拓展区域代理或者省代理时，都会限制只招一人，具有排他性。例如美团充电宝业务，就是通过招募城市合伙人的方式开拓市场的，具体为给合伙人划分区域，合伙人拿下城市独代后再拓展商户，从而获得收益。美团要做的就是找到这个合适人选，再靠政策保证他的利益，让用户放心投入运营。

因此，在核心用户中做招商也是一个不错的途径。现在很多读书会就是这么做的。它们帮企业在全国各地积极拓展，不断开店，实现品牌的拉新和运营，最终双方都有收益，同时也承担了各自的风险。

很多企业家找我想寻求好的资源，帮助对接做招商。遇到这类情况，我通常会先问对方："你们为招商做了哪些准备？"目的不是想了解招商政策好不好，也不是要盘点它们需要多少加盟人员和销售人员，而是想知道它们有没有用超级用户逻辑运营用户，从而判断企业是否具备找到特别认同自己，并为其带来新用户的"超级用户"。

对于企业来说，超级用户重点在于质量，而不是数量。传达招商信息给这类用户，才会事半功倍。超级用户在连锁加盟行业就是现成的天使加盟商，因为他们超级认同企业，所以超级投入。而且到了后期，他们不仅不会变成企业的竞争对手，还会和企业一起走下去。

对于用户来说，优质资源的稀缺性最具吸引力。这点和电商的限时限量秒杀，以及很多品牌的限量款有异曲同工之妙。所以最早招募筛选时，入口一定要小。

橡树资本联合创始人霍华德·马克斯（Howard Marks）在《价值这东西》一书中有这样一句话："在一开始，只有少数人相信一些与根深蒂固的现状相比显得荒谬的东西。当创新起作用时，最初看起来疯狂的东西才会变成共识。"

第2章

超级用户引发企业颠覆性变革

扫描二维码，
收看章节导读视频

超级用户不但超级关注企业的信息，还会投入时间、财力、人力到企业生产经营中，参与生产、设计、传播、获客、促活、裂变甚至售后服务等全链条的运营，使企业能以很少的资源撬动巨大的能量。超级用户正在倒逼企业颠覆以往的封闭运营模式，因此企业必须要有开放性思维，打造更好的服务平台，给超级用户积极参与的支点，实现以小博大的双赢。

2.1　超级用户加剧组织变革

超级用户的出现，让商业规则从传统的向外扩张转向了向内深度经营用户关系，规则的改变也带来了组织模式的变革。

2.1.1　有边界的组织模式特点

传统企业为了实现生产运营，需要有投资人和管理者进行主导，然后招聘员工到每个职责环节，各司其职，形成一个中心化组织模式。这种组织模式边界性很强：在内部，横向有部门边界，纵向有层级管理边界；在外部，与供应商、渠道商、用户之间都有边界。这种有边界的组织模式的特点见图 2-1。

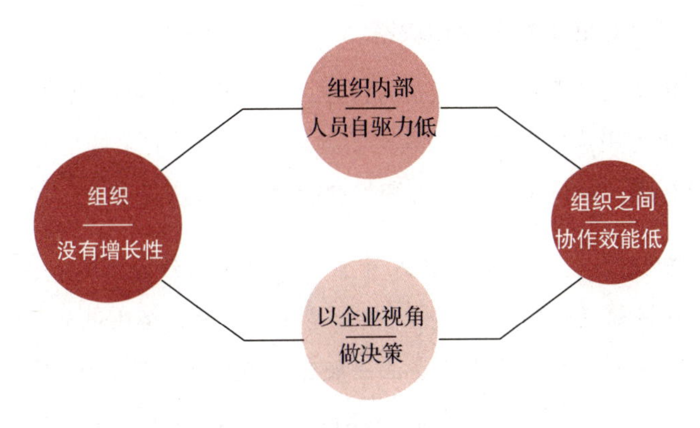

图 2-1　有边界的组织模式特点

（1）组织内部人员自驱力低

中心化组织层级分明，有明确的权威领袖，决策自上而下，从做决策到执行是一条指挥链，执行者的内驱力较弱，主要驱动力是绩效管理和奖惩制度。最常见的场景是，领导定下一个指标，并限定实现条件，比如这个月目标是新增1000万用户，条件是获客成本不能高于某个数值，然后高级管理者开会讨论如何分工完成这一目标，将大目标分成小目标，再向下级传递。为了提高组织效能，领导背一个大的KPI，分发下去，每个小组背小组的KPI，再继续分发，每个员工背个人的KPI。

（2）组织之间协作效能低

传统的组织中各部门之间往往需要独立考核，每个人只盯着自己的任务和奖惩，而协同其他人则被放在第二位。一旦企业需要组织一次大型的用户增长活动，让各部门协同作业，就会出现各部门互相扯皮现象，信息也不够对称，结果往往不尽如人意。

（3）以企业视角来做决策

传统的企业通常以盈利为目标，站在自身视角做决策，会导致企业与用户之间出现伪连接，这样企业获得的市场信息有限、资源有限，获得用户的能力和盈利能力自然也是有限的。

2021年4月29日，在入座会举办的闭门沙龙上，我发现很多企业的私域载体还是App，这就是典型的站在企业视角做决策。如果从用户角度做决策，企业一般会选微信生态做载体——因为这更符合用户的习惯，包括但不限于个人微信号、企业微信号、小程序等。同样是把公域流量的鱼钓出来放到自己的池子里，池子放在什么地方、装修成什么风格更符合鱼的习惯和偏好，这是企业需要考虑的重点。当然，微信生态更符合用户习惯也不是绝对的，企业要根据具体产品和用户平时的行为数据来具体分析。

（4）组织没有增长性

中心化的组织模式是封闭的，不具备增长性。组织与用户之间的连接靠某个部门的员工来实现。但在数字化时代，动态是根本特征，迭代与优化是基本形态，没有增长性的组织，连接是僵硬的，决策是延迟的，迭代满足不了用户的需求。

而超级用户的存在拓宽了企业的组织边界，企业不必局限于组织内部储备的人力资源，将生产运营所需的各项技能外包给超级用户，同样可以实现企业盈利的目标。只要找到在某方面有资源、有经验、有能力的最合适的人才，为其赋能，企业就可以实现价值最大化。

2.1.2　拼多多发动了蚂蚁雄兵

拼多多的组织模式是去中心化，这种组织模式没有边界，呈网状连接，无限延伸发展，无数个小组织自发性行动，多点爆发，火力更强。就像蚂蚁雄兵，一个个微小的个体联合起来，会产生让人震惊的力量。

2014 年，腾讯注资京东，微信为京东开放了一个入口，用户可以直接用微信在京东购物，这让京东获得了一定程度的增长。2016 年，腾讯注资拼多多，拼多多同样获得了微信的入口，这让拼多多从一个小微型企业迅速成长为能与淘宝、京东抗衡的巨无霸。同样是借力微信生态，京东的优先级别甚至还高于拼多多，拼多多怎么会有那么强的借力结果呢？其主要原因就是组织模式不同。京东是一个中心化组织，运营体系是京东自建的，通过领导做决策、员工执行实现增长。而拼多多则拓展了组织的边界，通过吸引力机制调动每个用户积极参与组织运营，而且在利益驱动下，用户进行自发传播、自发营销，不自觉地形成了与拼多多一起增长的使命感。拼多多借助用户的自发行为，不但实现了快速增长，还省去了不少推广运营费用。

企业打开边界，调动更大范围内的人力资源时，可以实现覆盖式传播，进行更大范围的市场开拓，这在传统的有明确组织边界的时代是难以实现的。超级用户最大的意义，是没有止步于个体。在拼多多的案例中，超级用户不是1+1的叠加。拼多多的激励机制使用户去主动自建组织，组织规模快速扩张的同时，企业实现快速增长。

拼多多为用户设置的成为组织“团长”的门槛非常低，就是砍下第一刀——除了动动手指，用户没有任何时间和金钱成本，只要参与就能获利。这种小组织的特点就是增长性好，任何一个用户都愿意发展新的用户，形成企业新的资源力量。

在超级用户的推动下，拼多多从2015年创立到2021年，用户数高速突破8亿，尤其是2020年，一年就突破2亿，迅速跻身电商三甲，让阿里这个电商巨头都震撼。

2.1.3 微商让“乌合之众”爆发核能量

人们习惯于把没有组织、没有管理的人群称为“乌合之众”。若这样算起来，微商也是“乌合之众”了，因为“不打卡、不坐班”，很多成员一个月都见不着几次面，而且“无组织，无纪律”，没有 KPI 任务，也不设奖惩制度。可为什么微商能快速汇集人群，做到很多人才辈出、管理完善、制度健全、职责分明的企业都没有做到的飞速增长和低成本爆发呢？这就要从微商的组织模式来分析。

（1）微商是网状组织结构

我曾与微商企业深度交流，仔细研究过它们的组织模式。微商企业本身可能只需要 10 多个员工，这些人就可服务成千上万的代理商，做到几个亿营收的规模。但我们不能认为微商企业只有这十几名员工，而应该把代理商视为重要的组成部分。我将其分为中台和前台。

微商中台一般由策划组、培训组、售后组 3 个部门构成。策划组负责做活动、做品牌；培训组教成员写文案；售后组则负责发货、快递对接、库存管理服务等。

微商的前台是典型的网状结构，由一个个节点组成，所有内容信息都是通过节点传播。节点就像小的网站，可以无边界向外扩散（见图 2-2）。不同节点的级别不同，上一级节点孵化下一级节点。每一级节点都是一个小组织，微商就是靠这些小组织快速完成增长、获客和销售的。能量越大的节点（即超级用户），扩散和成长得越快，对企业的影响力也就越大。

图 2-2　微商的网状组织结构

（2）微商是裂变型组织结构

微商是松散组织，不打卡也不坐班，可其具有凝聚力且价值观极为明确，甚至强过很多特意打造企业文化的大型企业。微商的每个合伙人（团队长）都是CEO，他们不受背后企业的管理控制，能灵活做决策、便捷做拓展。通过培训，价值观以一对一的方式传播。通过这种传播方式，组织成员间关系紧密，组织裂变快速而便捷，即使规模增长速度快，也不会产生代际价值观断裂。

（3）微商极重视情感连接

企业要打造高效能组织，一般会通过文化氛围来塑造员工的职业感，并通过员工与用户沟通，达到为用户服务的目的。但微商则依靠情感来连接和扩展组织，同时传播组织即用户，用户即组织的价值观。微商与组织（用户）情感沟通的时间，远远多于企业与用户沟通情感的时间。我们在朋友圈只看到微商晒存款、喜提豪车，却看不到其通话记录。

比如已为母亲的微商成员，与同样为母亲的用户，沟通最好的切入点就是各自相同的身份与类似经历。通过和老公吵过架、孩子的教育、家庭的琐事这些共同话题的交流，二者的情感连接变得非常紧密。一个微商起盘的时候，往往前10个用户都是亲戚、朋友、同学和同事。

情感连接使网状组织的黏性更强，带来1+1大于2的能量增长。

（4）微商企业与成员之间是赋能与被赋能的关系

赋能和管理最大的不同，就是驱动力的不同。赋能驱动力是自下而上的，赋能别人的前提是自己首先要有强大的驱动力，驱动力也是裂变组织发展的核心要素。

微商这种组织模式模糊了企业的边界，使更多的资源和人力加入企业，而其中能量最大的超级用户，对企业的贡献也最大。

2.1.4　开放型组织成为商业新趋势

未来的世界，最优秀的个体会变成超级能量散播型个体，最优秀的企业将变成没有边界的、开放型的超级服务平台（见图 2-3）。

图 2-3　超级用户带来的组织变革

（1）个体价值越来越大

以前，个体要发挥价值，必须要依附一个高效能组织。但现在，互联网技术高速发展，多媒体平台越来越丰富，个体所能发挥的价值越来越大。李佳琦曾用 5 分钟卖出 15000 支口红，一个骑手通过网络互联为一个区域的餐饮店服务，一名医生利用空闲时间发展出非常有价值的副业……向外连接成了个体爆发大能量的基因。

大趋势给了个体强力塑造自己的机会。作为个体，看清趋势的人都在做两手准备：一方面，让自己在某方面变得更加专业，形成独立的个人品牌，成为企业最需要的超级用户；另一方面，发动更强的连接能力，做好向外无限扩展的准备。

（2）企业主动打破组织边界

超级用户的存在给了企业新的发展机会。

第一，企业必须要学会整合资源

实力再雄厚，能量终究有限；外部资源虽然零散，但能集腋成裘。谁能更好地整合超级用户资源，谁就能在激烈的流量竞争中更胜一筹。比如，外卖企业整合餐饮店和骑手资源，自媒体平台整合内容供应者和广告资源。任何一种商业模式都必须做好外部连接，即使只是做一个社区的猫咖，也可以整合一个区域的商家资源、社区用户资源等多种资源。

第二，企业要把自己打造成商业平台

优秀的企业早就打破了组织边界，不再做产品和服务的单一提供者，而是将生产经营链条上的每个环节都做成开发的平台，引入超级用户，共同发展，共同盈利。比如，引入超级发烧友进行产品设计，引入宝妈进行产品分享，引入重度用户打造会员俱乐部……通过多环节引入超级用户，企业可以轻资产运营，以小博大。

引入超级用户后，企业要尽可能取消指挥链，制定合理的激励机制，进行授权、放权。企业只做机场指挥塔台，让来来往往

的超级用户自主运营、自动运营，发挥其最大的连接能量，实现高效合作、持续增长。

2.2　超级用户引发企业增长模式变革

我曾遇到某咖啡品牌的一个重度消费者，每天他都能喝 4 杯咖啡，培训、开会等特殊时期还会增加。该咖啡品牌没有入驻他上班的商圈，他向该咖啡品牌店提出需求，问对方是否愿意每天送两次咖啡，并愿意额外付外送费。但这个店铺的经营者以人手不够拒绝了。这件事大大影响了这个消费者的体验感，他再也没去那家店铺消费。

一个超级用户就这样被一个无情的拒绝给推开了。一提到超级用户，很多人看到的就是资源超级多、专业性特别强、有独立个人品牌的一类人。可其实对于大多数企业来说，那些忠实的消费者才是企业的超级用户。

2.2.1　别坐在金山上等饭吃

很多企业明明拥有金矿——老用户，却坐在金山上等饭吃。

很多流量型企业在用户购买产品或服务后就断开连接了。这在当前流量红利见顶、获客成本不断升高的商业环境下，造成了巨大的资源浪费。假设获客成本为 150 元 / 人，这就意味着该用户的消费金额减去生产成本后大于 150 元，企业才能盈利；一旦变现没有覆盖获客成本，企业就产生了亏损。

只关注增长、规模、流量，试图通过价格战补贴销售的粗放时代已经过去。企业不寻求新的突破口，消耗下去，只会越来越卷。坐在金矿上的企业，与其处心积虑地去找新用户，拉新促活，不如深耕老用户。

研究表明，10% 的重度消费者能支撑起企业 30% ～ 70% 的市场增长。有些企业也意识到要深挖老用户价值，可它们过于关注转化，打造会员产品，不断向会员推荐产品，影响了用户的消费体验，破坏了与老用户之间的关系。

做会员，是企业深挖老用户价值的一种重要手段。随着超级用户发挥的价值增强，会员体系设计和运营的重要性会持续凸显。这是趋势，不是风口。会员体系的完善是企业对用户资源争夺到一定阶段的必然举措，是对之前市场到一定阶段后的模式升级。

但会员不是新事物，很多企业有会员体系，只是做得远远不够。会员体系重做不是在原有基础上增加权益，而是打破固有思维模式重建。老套的积分、储值卡模式，消费者已经不买账。

企业必须升级用户思维，更多去关注人本身，让老用户感受到产品不光有价值，还有温度，提高老用户对产品的情感度，让他们自愿主动地进行复购，这样才能更好地提高用户留存率提升用户忠诚度。

会员体系的目标是占领心智，让用户产生排他性的留存与复购。其中，生态健全的大型企业应追求用户“吃玩看听”均在你这里完成，规模较小的企业应追求占领单一赛道用户的心智。

2.2.2　Costco 不靠产品赚钱，靠超级用户赚钱

Costco（好市多）最吸引人的就是产品便宜。雷军和同事去美国出差时，发现 Costco 的新秀丽行李箱只要 150 美元，约合人民币 900 元，而在国内，同样的行李箱要卖到 9000 元。

Costco 有一条硬性规定：商品毛利率不能高于 14%。这样的毛利率对零售商来说几乎难以赚钱，但 Costco 始终保持稳定的增长，即使遭遇了以亚马逊为首的电商的打击，其市值依然保持年年翻番，为什么呢？

因为 Costco 不靠产品盈利，其主要收入来源是付费会员。为了更好地服务用户，Costco 会主动降低差价，让利给会员，这一举措吸引了大量的用户成为会员。Costco 又通过制定丰富而完善的会员体系来不断扩大会员规模，以免费会员的方式来获客，以高级会员的方式来筛选超级用户，并为复购率高的超级用户提供多项权益，使超级会员忠诚度一直很高，续费率只增不减。这些付费的超级用户数可能只是竞品超市的 20%，但这些超级用户的客单价是普通超市的 N 倍。

随着口碑不断提升，付费会员越来越多，Costco 就越容易扩大规模、降低成本、提高与供应商的议价能力，增加差价，让用户享受更好的产品。如此，Costco 从用户处收来会费后以更有价值的方式回报给用户，形成了一个良性循环（见图 2-4）。

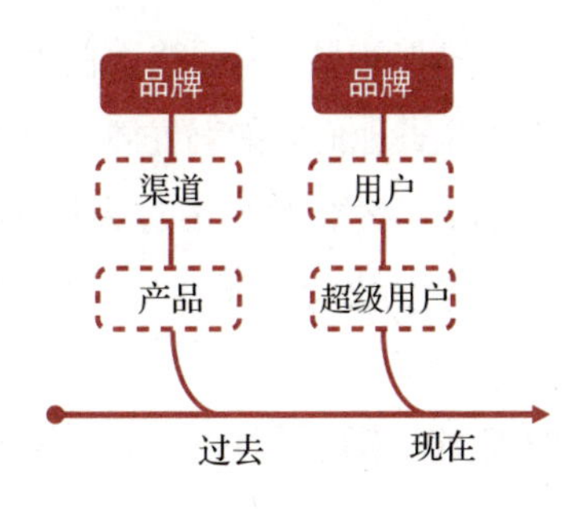

图 2-4　Costco 的增长模式变革

2.2.3 肆拾玖坊从创业之初连接的就是超级用户

肆拾玖坊是一家互联网新锐企业。它从创业之初采取的就是连接超级用户的模式，在两天内通过众筹众创聚集了几十位各界精英以及几百万元启动资金，两年内又创建了5000多个社群，通过社群社交迅速构建了108个省级新零售分销商、3000个新零售经销商的生态布局，同时在新零售和生态圈的思维指引下，又创建了1800多家线下体验店，覆盖各省、市、区股东级合伙人15000余个。

肆拾玖坊以全新的品牌在酒业中突出重围的过程中有很多成功要素。比如，把握住了产业互联的发展红利期，利用信息技术和互联网平台，重组和优化生产要素。又如，把握住了新渠道爆发时的红利期，对多行业的渠道进行资源整合。但所有这些成功要素中最本质的是对超级用户价值的挖掘。

肆拾玖坊站在用户的视角，聚合的是酱香白酒的深度喜爱者、中年中产再创业的迫切需求者。通过肆拾玖坊的投资赋能、资源赋能和渠道整合赋能等多种赋能，这类人群在参与企业的生产运营中，不但获得了享受酱香白酒的福利，还获得自我价值的实现。简单点说，他们既能喝好酒，又能赚大钱。这是酱香白酒用户群的两个痛点，肆拾玖坊通过为用户解决这两个痛点，快速聚集了大量各行各业的股东合伙人，通过联动、跨界共创，快速实现了增长。

2.2.4 超级用户是企业增长的突破口

在流量红利消失的时代，面对复杂多变的商业环境，企业如何获得增长？超级用户就是最好的突破口。

（1）超级用户能带动企业的产品和服务持续创新

超级用户是企业的重度消费者，对产品具有很强的依赖性，同时又是比普通用户更专业的消费者，对产品和服务的需求会随着使用时间和场景的变化不断升级。他们常常会提出建议和意见，因此企业必须持续满足他们的需求，不断进行产品和服务的创新升级，才能留住他们。留住超级用户、提升复购率并不是终点。

企业生存的基础，就是通过产品和服务创新为用户持续创造价值，将满足了超级用户需求的产品设计和服务经验推而广之，通过为普通用户创造极致体验，快速拉近关系，提高复购率，进而快速扩大用户规模。

（2）超级用户比普通用户裂变能力更强

肆拾玖坊、黑马会都是从连接超级用户开始的，因为超级用户的裂变能力更强。

以黑马会为例，它是一个创始人商圈，最开始聚合的就是顶尖的创始人，比如首任会长是中国孕服领域 top1 品牌“十月妈咪”创始人赵浦，副会长杨守彬是丰厚资本创始合伙人，副会长吴太兵是万兴软件创始人，副会长陈昊芝则是捕鱼达人创始人，他们拥有丰富的创业经验和创业资源，是黑马会的超级用户。这些超级用户对新创业者具有较强的吸引力和影响力，可以从资源、经验、资金等多个维度为新用户赋能，形成一个“创业者帮助创业者，创业者学习创业者，创业者成就创业者”的无限发展的商业圈。

黑马会的核心价值是“优术、明道、蓄势”，而这也是超级用户的能力特色。超级用户是黑马会快速增长的重要动量。

拼多多的蚂蚁雄兵依靠的是小组织的持续裂变，而黑马会依靠的是大能量者的爆发式裂变。所谓振臂一呼，应者云集，正是超级用户的特写。

现在很多企业已经认识到超级用户对增长的巨大作用，因此会有专门针对超级用户的产品或者服务模式，如开通 VIP，建立单独服务超级用户的团队，给予超级用户更多的权益，尤其是免费赠予超级用户有等级权限的新会员卡，比如美容连锁店会在用户达到某个级别后，附赠一张副卡——和主卡的权益相同。超级用户周围通常是资源对等的群类，在超级用户分享副卡的同时，企业通过超级用户裂变完成了增长。

普通用户的裂变通常以个位数收官，超级用户的裂变则以群落为单位。对一个群落有影响力的超级用户的发声，会引起这个群落的整体震荡。另外，普通用户裂变时效极短，如水过地皮湿，而超级用户裂变通常有长尾效应。

以三节课的联合创始人黄有璨为例，他是三节课的超级用户，他的 IP 图书《运营之光》于 2017 年出版。到现在，尽管运营环境变得更加复杂，黄有璨也已经离开三节课，但《运营之光》依然是产品经理和运营人员的重要工具手册。这些人也会因为这本书而持续关注黄有璨，部分也会关注三节课。(《运营之光》书中有大量三节课的案例。)

超级用户拥有无限潜能。一个高质量的超级用户带来的价值可能达到所有用户总价值的 95%。这也是企业服务超级用户的重要意义所在。

在当下的互联网创业环境中，企业获得投资人的青睐需要两个条件：能够深度挖掘用户价值，能以低成本获取用户。而超级用户通常在这两方面做得最好，因此，发展超级用户是企业实现突破式增长的重要手段。

2.3　超级用户承担企业运营职责

在当前的商业环境中，各区域、各商圈、各行业主体都依托于大型服务平台，如公众号、社群、抖音、小程序等来运营用户。这些平台有的适合传达文化与价值观，有的适合互动，有的适合卖货。搭建多平台网络运营体系是一个巨大的工程，凭借有限的员工难以实现。其实，每个平台上都有一些最懂平台垂直用户需求的超级用户，这些超级用户具备为企业运营的能力。

2.3.1　内容运营

由于用户生活网络化，优质的内容是吸引流量的重要手段，因此通过内容来运营用户就显得格外重要。企业需要不断策划新内容，向终端用户输出价值观、产品信息、品牌价值以及服务内容等，占领用户心智。

与此同时，随着多媒体的发展，内容平台越来越丰富，全民都有了表达的空间，内容生产者也越来越多。每个领域都出现了有影响力的人物，他们对内容制作非常专业，对平台垂直用户的需求洞察十分敏感，与平台的融合度极高。企业在资源有限的情况下，可以制定合理的机制，引入超级用户，实现内容运营。

（1）谁是内容生产者

最具代表性的内容生产者就是KOL和KOC。KOL（Key Opinion Leader）指的是某个领域的关键意见领袖。KOC（Key Opinion Consumer）指的是关键意见消费者。

一般来说，KOL的专业性更强，具有一定的前瞻性，内容输出更稳定，会影响受众的思维模式、感觉和感悟、认知高度和宽度。这一点对于用户运营非常重要。在全方位、碎片化的信息轰炸下，用户需要持续不断地感知到某个内容点，才会持续关注并愿意深入了解该内容。同时，企业自己输出的内容，如果有KOL的认证或者背书，也可以大幅度地提升客户对企业的信任度，从而强化触达的效果。

KOC的商业性更强，也比KOL距离消费者更近，常与用户进行互动，与用户之间的感情相对深厚；KOC输出的内容多为亲身体验，十分接地气，带货能力也更强。

但现在，很多KOL也加入带货队伍，与用户加强互动，在输出专业性内容的同时，强化了内容的有趣性和互动性。而KOC为了提升用户信任度，也要输出一些专业性内容。这样说，KOL和KOC其实并没有严格的界限，他们都是企业运营的超级用户。

以小红书为例，它是达人种草起家。小红书里的KOC带货能力超强，一般电商平台只要带着小红书同款标签的商品，就很容易冲榜。其中像带有“私人美妆顾问”这样标签的群体也被称为 KOL，因为他们会发布专业教程、彩妆测评图片等，同时与用户的互动也非常强。

不管是哪种内容生产者，最终的目标都是平台垂直用户的增长，这和企业运营的目标不谋而合。

（2）内容生产者在不断进化

因为全民都能做内容，内容生产的竞争非常激烈。为了获得流量，生产者要保证在内容输出数量上格外稳定，细分种类上层出不穷，形式上花样翻新。现在，我们看到的内容生产者与企业连接后所制定的广告内容已经不是原来的软文或者硬广了，而是以更新奇有趣的玩乐内容带动用户积极参与。

以荣耀 9X 上市为例，其在快手上找 KOC 做活动时，展示的就是手机的各种玩法，主题是“武林大会”，让 KOC 带领用户拍摄自己就是武林主角的短视频，让 KOC 与用户用六脉神剑、九阴真经等表情包斗图，同框 PK。用户根本感受不到这是广告，但荣耀的品牌和产品已经深入用户心中。这次活动上线 7 天，荣耀就实现亿级品牌曝光，以及数十万人次电商导流。

对于用户来说，他们只要能享受到快乐，满足某种需求，就觉得这是最好的内容，不管是广告还是种草，都值得为其花钱，值得为其付出时间。

（3）内容生产者也在做连接

内容不是一个单独的区域，它可以和企业的生产销售、人们的日常生活、前沿科技等多方面进行连接。越是做得好的超级用户，这样的连接就越多，这不但可以让内容更丰富、更接近用户、更有价值，也为企业带来更多的商机，如图 2-5 所示。

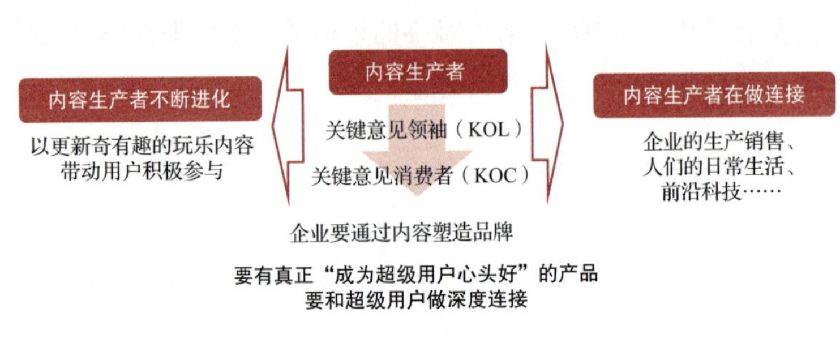

图 2-5　超级用户帮助企业做内容运营

线上的知识付费课程一般是通过超级用户带动，即通过老学员转介绍来拉新。超级用户是付费课程最迫切的需求者。他们在学习之后会在各个内容平台，如小红书、微博、微信、抖音等进行二次内容创作，分享自己的学习收获，对课程进行评论，也就是我们通常所说的“种草”。大量的种草内容会引发聚合效应，形成广泛的传播，并撬动企业的利润增长。

为了鼓励超级用户种草，企业会培养这些超级用户成为 KOC，给予一定的广告费用，并赋予他们特定的权益，比如，化妆品品牌会为 KOC 提供新品试用装。在企业的赋能下，KOC 不但能获得物质利益，还能通过内容输出稳固自己的粉丝群，可谓一举两得，自然愿意持续通过内容服务企业。

在内容生产过程中，生产者不但获得了表达的快乐、利益回报，还获得了自我形象的提升、自我价值的实现。这鼓励了后来的内容生产者，甚至在企业没有影响力、没有利益回报时，他们也愿意主动为企业发声，他们的目标是培养自己的用户群落，向 KOC 的方向发展，通过为企业服务来完成变现。

种草内容与传统的广告不同：广告只负责单方面输出，种草则是一种双向互动，内容输出点如果不是用户的痛点，用户根本就不买账。如果内容输出让用户感同身受、大受启发，那用户会进行积极反馈，形成更多更好的内容，并持续传播下去。

内容是品牌传播的载体，而企业要通过内容塑造品牌，首先必须要有真正“成为超级用户心头好”的产品，其次要和超级用户做深度连接，建立赋能超级用户的体系，使超级用户不断生产具有创意的内容，为企业创造效益。

2.3.2　社群运营

社群是最具代表性的私域，它最大的优势就是可以将连接和转化一步到位，因此，越来越多的企业通过组建社群来运营用户。

（1）为什么光靠员工不能做好社群运营

一些企业认为有了足够的社群用户，就万事大吉了，但站在用户思维角度，这显然远远不够，因为 100 个僵尸群不如一两个活跃粉有价值。

还有一些企业认为一两个员工在群里发红包、互相对答、制造氛围，就可以实现很好的运营。但没有用户参与的互动是伪互动。对于用户来说，不痛不痒的对话，难以提起他们的兴趣。没有互动，就没有情感，没有情感，就没有黏度，也就难以形成后续的销售行为。所以，良好的社群运营必须是有超级用户参与互动的社群。

（2）超级用户做群主

在一些社群中，群主并不是企业内部的员工，而是外部的超级用户。他们直接承担用户运营的职责。

我的一个朋友是育儿领域专家。为了服务妈妈们，他创立了十几个超人妈妈社群，在抖音、小红书上也设立了账号，如今拥有几百万粉丝。他平时的工作重点是为用户输出有价值的内容或者直播带货，而社群运营就交给粉丝来做。这些粉丝都是他的超级用户，复购率极高，对他极度信任。这些群主的主动性很高，粉丝群平时交流的内容通常是育儿以及家庭生活琐事，就像邻里之间的家长里短。但这种运营方式反而增强了用户群体的黏性，大大提高了普通用户的复购率。

超级用户首先是消费者，他们做社群群主，比企业自身更有优越性。他们更懂消费者的需求，话题和内容输出都更接近终端用户，而且因为他们能站在消费者的角度说话，能为消费者争取更多的福利，也更容易获得终端用户的信赖，甚至还能发展更多的用户参与到运营中，扩大品牌效应，形成强大的生态圈。

（3）超级用户做辅助

企业凭借内部员工无法实现很高的服务效能，为其助力的就是超级用户。

三节课的社群服务体系为“班主任＋助教”，课程服务任务很重，1小时的课程需要4～5小时1对1重度辅导的实战练习，这样繁重的任务基本是助教来完成的。助教一般为往期学员，他们对课程需求度高，满意度高。三节课延伸了这些学员的价值，鼓励他们成为助教。

成为助教，为新学员服务，也是对所学知识的又一次复盘，对这些超级用户来说意义非凡。在社群服务中，这些超级用户不但会分享自己学习过程中的经验，也会分析和解答新用户学习中遇到的疑问，形成二次成长。

助教队伍中最多的就是高校毕业生。三节课优秀的课程体系是目前商业市场上需求量最大但学校课程里又没有的。三节课在用户付费之后，马上发展他们成为实习生，通过大量实习生对新学员的服务，有效保证课程的实操特性，同时还强化了三节课的师资力量，形成闭环。

三节课社群的活跃性一度特别强，学员之间的关系也很好。很多大学毕业生在这里发展起自己的第一波社会人脉资源，对三节课感情极深。

让超级用户为用户服务，等同于让最懂用户的人和用户进行互动，制造刺激用户神经的话题，自然会形成良性氛围，形成真正的互动。

一个互动好、福利多、产品强的社群运营，会吸引大量用户参与运营。除了在群里贡献话题，超级用户还会在朋友圈晒图，为企业贡献个人的私域。这样的社群具有温度和生活气息，会逐渐成为用户固定的活动区域，同时用户会主动培养与社群一致的行为。

高手在民间，这话对于当今的营销极具意义。超级用户就像是散落在民间的明星，对于企业来说，将他们完美嵌入运营链条，让他们和整个链条一起发光，是当前最重要的任务。

2.4 超级用户参与渠道变革

随着新媒体崛起、新营销的出现，以及新零售的发展，渠道也发生了变革，如图 2-6 所示。

图 2-6 超级用户引发渠道的变革

2.4.1 传统渠道商没落了吗

之前，渠道商是企业创造良好销售业绩的关键。但私域时代，我们常听一些渠道商说最好的时代已经过去了，渠道洗牌了，品牌都建私域了，用户群体迭代了……渠道商的优势再也没有了。在数字化转型大潮中，大多数企业采取线上和线下融合发展的策略，让用户和品牌商的距离无限拉近。内容电商、社交电商这些新的商业模式，也忙着搭建用户与品牌商之间的连接体系。在这样的商业环境下，传统渠道商的地位显得十分尴尬。

但这并不表示企业不再需要渠道分销体系。恰恰相反，企业迫切需要打破组织界限，引入超级用户，助推企业的销售。对于传统的渠道商来说，这同样是机会，因为它们有企业没有的资源。

（1）传统渠道商有金矿

传统的商业营销模式是企业派驻员工到各级城市长期驻扎，但员工的综合运营能力、工作积极性与自负盈亏的渠道商没法比，与当地的互动关系、对当地消费者的消费习惯的了解也没法与土生土长的渠道商相比。

也就是说，渠道商有当前商业环境中最重要的资源——用户资源。它们了解自己所在区域的人，包括用户需求、消费习惯、社交关系、购买能力等。同时，由于以往的经营，它们还积累了大量的老用户，有的还和重度消费者关系密切。企业即使通过网络建私域，也不是拉个群互动一下就能完成的。人性的复杂决定了人际关系需要温暖、沉淀的时间和时机。所以，企业需要传统的渠道商，需要从它们那里“借网络、借关系、借时间、借资金”，以快速实现企业规模扩大或者利润增长。

以企业团购销售为例，陌生拜访、电话销售是传统手段，但再优秀的销售员也需要一个破冰过程，而有渠道的人可能只需一个熟人关系就能快速跨过层层障碍，和企业主直接沟通，达成销售目的。这是一般的销售模式很难突破的。

（2）企业和渠道商是利益共同体

传统的渠道商不能再用老打法，也需要引入超级用户思维，利用自己原有的资源和企业连接。

在新的商业模式下，渠道商和企业之间已经不是传统的漠然关系了。企业不会再任由代理商压货提货、自负盈亏，而是将渠道商当作联盟者，一损俱损，一荣皆荣，即渠道商不再是外人，原有的管理与被管理的状态不复存在，一个新的关系开始进化。

在整个生态系统中，彼此承担不同的角色与分工，为整个系统的稳定性贡献着自己的价值与力量。在利益关系中，企业与渠道商开始从零和游戏向正和博弈发展，一起为了共同的目标而努力，关系更加紧密。

2.4.2 企业需要大量用户搭建分销体系

传统的渠道商只是企业分销体系的一部分。要实现爆炸式的营销效果，企业需要拥有更多的代理分销商。

（1）所有个体都有做销售的价值

拼多多的模式已经说明，任何个体都有分销的能力，能为企业销售贡献力量，即使缺少资源，他们还是有朋友的人，有时间的人，而在超级用户思维下，这就是资源。

反过来，企业的产品或者服务给了他们一种新型的投资模式。只要有公平合理的利润分成机制，他们自然愿意与企业合作，站在企业的角度，以代理商的身份、以订购的方式投资企业，助推企业的高效运营。

(2)员工也可以成为渠道商

员工对企业的产品、服务、价值观相当了解,如果对某个市场也非常熟悉,并拥有渠道资源,或者在拓展关系方面有很大潜力,一样可以做企业的销售员。

很多企业会通过裂变式创业的方式,给具有潜力的员工或者团队以启动资金,以公司为平台,以独立的核算小组为组织,以未来可以成立子公司的愿景为激励,让其进行渠道的建设或者项目的裂变,将他们培养成超级用户。

在国产手机 OPPO 的代理商团队中有不少是由员工通过裂变式创业形成的。他们和 OPPO 形成了基于共同价值观的长期利益共同体,并且在整个代理商团队中形成较好的口碑。

随着组织边界的消失,未来企业的员工的自由度和贡献价值都会发生变化。企业成了终极服务者,为员工服务,为用户服务。

(3)终端用户也是合适的销售者

用户是消费者,有使用产品的体验,也适合做销售者。尤其是重度消费者,即使企业没有太多的激励机制,因为喜欢产品、赞同企业的价值观,他们也会主动进行推销转介绍。对于他们来说,这种推销转介绍只是社交的一种手段。

当然,企业不能为做渠道而做渠道,不能在没有确定营销策略的情况下漫天撒网,到处找超级用户做自己的销售员。企业最好结合自己的营销策略,选择一个能够吸引更多用户、让成本和效率得到最大提升、资源得到均衡的方式。

2.4.3 超级用户扮演着销售角色

一个完整的分销体系需要多种销售角色，比如代理商、分销商、加盟商、微商三级代理。

（1）代理商

没有用户资源的人做代理商，毫无盈利的可能。代理需要一定的门槛。只有从商家那里按某额度订货后，你才可以成为代理商，并与用户进行交易，形成零售。在超级用户思维下，企业给代理商的激励方式是返点，也会根据代理商的贡献逐级给予优惠奖励。

那么，谁适合做代理商呢？

以一款绘本类产品为例，其终端用户人群为 3 ～ 10 岁的孩子，那么能做这款产品代理商的就可能为早教机构、母婴店、家政服务中心、妇幼保健医院、女性公众号。这几类合作对象有一个共同的特点——有资源，即要么是场地，要么是用户，要么能做内容传播。

做代理，并不影响这些人继续做主业。为企业做代理，可将已有资源激活，将闲置资源利用起来，获得额外的价值。这种代理的本质就是资源整合、分工协作。

企业在用这些超级用户做代理商时，可以有多种模式，比如品牌代理、区域代理、区域 + 产品代理，樊登读书就是“区域 +

产品代理”的典型。

（2）分销商

企业对代理商的要求是渠道能力，对分销商的能力要求则是社交能力，即用户需要贡献他的社交圈、人脉网。当然，如何发掘用户的这些资源，还需要企业设计优质的运营策略。

2020 年 2 月，全球经济萧条，超级品牌闭店、关门的新闻时有出现。此时，H 公司通过网上卖房，成交了 470 多亿人民币，比 2019 年同期增长了一倍。不止如此，H 公司的网上售房平台在 3 天时间内新增了 300 多万人浏览。到底是什么让 H 公司获得了如此巨大的爆发能量呢?

我将 H 公司网上卖房的规则拆解成 6 点。

1）你自己买了，3000 元抵 4 万元房款，白赚 3.7 万元。

2）如果你自己不想买，推荐别人买了，你将得到 1% 的佣金，以及 3.5 万元现金奖，退 3000 元定金。假如房子值 100 万元，你至少挣 4.5 万元。

3）如果你定的房子别人买了，公司退你 3000 元定金，同时补偿你 3000 元，你会赚 3000 元。

4）如果你推荐的客户什么都没买，只是注册了会员，每增加 1 个会员奖励 100 元。

5）每月 10 日前，你拥有最低价购房资格，如果楼价下调，公司负责补差价。

6）如果你买了又后悔，交房入住前，公司同意无理由退房。

无论哪一条拉出来，都是满满的收获感，是金钱，如何能不打动人呢？而且，H 公司最打动的人群，不只是有买房需求的人，还有有用户资源的人。这其实就是发动用户做分销商的最典型的模式。

H公司有接近100万的房地产中介、147万的老业主、14万的员工。这些人是公司可以撬动的存量，他们手上掌握着大量的买房人的私域流量。H公司通过这个规则一下就盘活了掌握的私域流量池并进行转化。

分销商更多地针对C端，即使用户是没有运营经验的人，良好的激励机制也可以让他们挖掘潜能。分销商运营的都是自己身边的熟人，即私域流量池，是“买账”的那部分人，因此，企业的产品以及分销激励机制就显得格外重要。优质的产品、良好的分销体系、恰到好处的激励机制，更有利于社交裂变，形成全渠道销售。

（3）加盟商

对于传统的加盟连锁，只要加盟者投入资金，品牌方就会通过培训的方式赋予其成熟的技术和经验。对于品牌方来说，人力资本作为加盟者主要的投入。而在超级用户思维下的加盟商完全不同，加盟商多是曾经的用户，企业与加盟商之间是共建、共生、互相赋能的关系。

霸蛮湖南米粉2014年成立，到2021年，其线下门店最高翻台率（餐桌重复使用率）为日翻25台。而其创始人张天一提出的“线上电商+新零售+外卖O2O+线下连锁体验店”无界餐饮模式的理念，还入选了哈佛大学商业案例研究库，这是首个入选该库的中国快餐品牌。

让霸蛮取得这样成绩的，除了独特优质的产品外，就是以年轻人为主的粉丝群。2016年，张天一在北京的大学生中建立了

60 个“霸蛮社团”。社团主题就是“卖米粉”，这些社团大学生都喜欢吃霸蛮牛肉粉，也愿意尝试卖米粉来创业，因为他们十分认同霸蛮的价值观——“霸蛮”是湖南方言，意思是敢拼要赢、特立独行的人生态度。在这些社团的带动下，霸蛮积累了上百万粉丝。张天一利用社群逻辑运营这些粉丝，将其精简到几百人，每 35 人成立一个群，共留下 8 个群，这 8 个群就是霸蛮的超级用户。

到 2021 年 1 月，霸蛮启动了“创客千店计划”，吸引粉丝做加盟。不同于传统加盟，该计划秉持“加盟和直营一样好”的理念，让粉丝不但能开店盈利，也能利用已经打造好的管理数字化、供应链标准化、选址模块化的优势，使加盟用户可以一人拥有 1 家店甚至 100 家店。

在当前的商业环境中，全民皆商，用户的需求被无限细化，商业思维日日更新，用户的消费行为习惯也相应变化。任何一种商业模式都不能固化，也需要随时更新。这就需要企业和加盟者在组织内部明确分工，各自承担自己最擅长的部分，企业负责产品、内容的生产，在商业模式上总揽全局，站在最前沿，而加盟商负责市场的本地化，结合自身特殊的资源、人脉开创新的业务模式和服务模式。

（4）微商三级代理

微商其实是一个很特别的存在，既是代理商，上选供应商货源，同时又是运营者，下选下级代理。代理商通过订货量来获得返点，团队越大，订货量越高，从企业拿到的返点就越高。这就是代理与企业之间的合作方式。

2.5 超级合伙人引发合作模式变革

当代年轻人是主要的消费群体，是创业概率最高的群体，也是产生超级用户数量最多的群体。这个群体与传统时代的人的最大不同，是他们的掌控欲、创新欲从广度和强度都远超前辈（见图 2-7）。

图 2-7 超级用户引发的合作模式变革

这是因为他们普遍接受了大学教育。大学传授给他们先进的知识，建构了他们创新发展的思维，培养了他们展现个性和雄心的魄力。同时，他们生长在高科技急速发展的时期，万物互联给了个人发挥巨大能量的机会，知识经济又让他们可以借由知识资本发挥创造力。

所以，当代年轻人是一群有能力、有野心的人，他们已经不再满足于按部就班的打工生活，而想要创造一个全新的世界。超级合伙人成了他们以最小的危险、最大的热情投入一份事业的机会。

2.5.1　合伙人是企业实现跨时代超速发展的新动力

传统的雇佣制企业，如果有严明的制度、完善的监督体系、合理的奖惩制度、有效的控制过程，也会让员工服从和执行，进而获得较好的效益，但其本质缺乏内驱力。而引入合伙人制度，企业不需要监督，所有人会主动去思考企业的战略，并愿意为企业付出自己最大的努力。

在 2G 时代，华为人没有号召、动员，就已经主动思考 5G 了，是什么让他们有这么强的前瞻力？在万科，部门之间的协作不再有严格的界限，所有员工都主动以集体利益为第一利益，是什么让他们自愿站在企业一边？让华为人和万科人如此自动自发、与企业同心协力的主要根源，就是合伙人制度。

合伙人制度早被传统企业验证为超级管理模式了。在知识经济时代，人是最大的变量，人力资本会随着时间的推移而产生强的边际效益，人员的凝聚会让企业不断地创造良好的经济效益。当企业不再把人员当成成本，而是当成资源时，企业在流程掌控、人才储备、创新能力、团队协作、执行力度、风险管理等多个方面都会发挥出极大的优势，也就能够实现跨时代超速发展，持续稳定地保持龙头地位。

著名投资人徐小平曾说：“合伙人的重要性已经超越了商业模式和行业选择，比你是否处于风口更重要。”

在全民皆商环境下，在高科技快速发展时期，竞争会变得越来越激烈，所有的蓝海瞬间可能会变成红海，人力资本、经营成本飙升，企业的利润空间不断被挤压。与此同时，消费者主权时代到来，用户的需求越来越难把握。这时，如果企业还依靠企业领导一人来思考战略，打造用户运营关系，那就像是茫茫大海上漂浮的扁舟一样，永远不知道明天和死亡哪一个先来。

所以，当前的企业都是一边筹建私域，一边启动合伙人模式，进行人力资源整合，让内部的员工参与进来，连接外部的人力，通过无限连接做团队裂变，通过上下游连接整合资源，使企业获得快速增长。

2.5.2 超级用户作为合伙人的特点

超级用户作为合伙人有以下几个重要的特点。

(1) 超级用户有创业的需求

超级用户是有资源的一部分人，也在寻求如何让自己的价值最大化。特别是年轻一代的超级用户、有创业需求的人，他们掌握着科技技术或者信息，对商业管理具有一定的认知，对世界发展具有敏锐的感知力。他们成为合伙人，不但能解决企业的人才问题，还会为企业带来颠覆性的变革。而资本市场对他们也格外认可，所以，我们常会看到创业的新模式——天使投资 + 合伙人制 + 股权众筹。

(2) 认同感、参与感会激发超级用户的能量

除了有资源，超级用户也是对企业最认同的那部分人。对于企业来说，他们是志同道合、能力突出的人，最容易也最愿

意参与到企业的创建和发展中，与企业形成资源互补，即有钱的出钱，有力的出力，共同让小企业活下来，让企业找到第二增长曲线。

（3）超级用户驱动小组织自行发展

超级用户有能力筹建小组织，或者本来已经拥有正常运营的组织。他们站在市场的最前沿，对任何风吹草动都能迅速做出反应，更接地气，更具活力与创新能力。企业将这一个个小组织连接起来，给予他们独立核算的权力，让他们保持经营的自由，并根据大市场进行赋能，让这些小组织变成企业的增值链，使企业的产品和服务通过这些小组织增值，进而让最终的用户也能以满意的心情接受产品或者服务。

（4）超级用户有不同的层级

超级用户分散在四面八方，有不同的资源、不同的实力，也就有不同的层级，对企业的贡献力度也不同。但企业可制定合理的层级机制，并根据超级用户的能量确定其层级、合伙方式，签订不同的合伙协议，让每个超级用户都可以价值最大化，让超级用户更依赖企业搭建的经营架构，产生更高的忠诚度。企业在这样的层级经营架构中也能做出更有效的战略，指引更多的人加入，丰富战略资源。

（5）超级用户合力可以共创平台

超级用户既包括内部的员工，外部的企业、个体户、明星、网红等，也包括上下游链条上的合作伙伴以及掌握命脉的资本方。

万科北方区域CEO毛大庆离职后创办了优客工厂，成了万科的外部合伙人。他说："虽然我不再服务于万科，不在内部担任管理职务，但我与万科的情谊永远不会割舍。我愿意为营建万科新的生态系统贡献自己的一份力量。"

在超级用户思维下，企业外部连接更多，将更具张力。这就要求企业必须打破组织边界，给予员工更多的机遇和权力，这样才能借力员工的发展价值；同时，超级用户（内外部）对外连接，也是他们自我增长的重要手段。

企业最合理、最有利的做法，不是让超级用户为我所用，而是为超级用户打造平台。企业不再是合伙人的核心，而是超级平台，是为所有超级合伙人服务的平台。当所有人都愿意向一处汇聚时，就为企业创造了打造平台的基础。

2.5.3 几种常见的合伙人模式

合伙人制度不只是一种合作方式，更是一种管理模式。企业需要根据自己的特点，制定不同的合伙人模式。比如，阿里巴巴的合伙人模式是割裂股权与控制权，使企业永远不会受资本的控制；万科的事业合伙人模式则是调整股权结构，避免股权分散；华为的内部员工持股计划则是为了激励员工，让员工共同享受利润分红的同时也承担风险。

（1）股东合伙人

很多创始人为了对企业拥有绝对的控制权，会实行控股。但控股就难以吸引更多的超级用户，难以进行资源整合。其实，不控股，通过投票权委托、一致行动人协议、有限合伙、AB 股计划等，都可以控制企业的经营权。比如，京东上市前采用了投票权委托，上市后采用 AB 股计划。

其实，有资本、有超级用户资源的人未必擅长经营管理，也未必想事无巨细地参与战略管理。这样，企业交换利润，独自承担战略决策，而超级用户贡献资源，享受分红，也是一种双方都能加成的合作模式。

（2）事业合伙人

所谓事业合伙人，就是以一致认可的事业为导向，企业和合伙人相互赋能和合作的机制。当前市场，超级用户与企业之间采用事业合伙人模式比较多。它可以大量引入超级用户，并进行超级用户的全生命周期管理，使超级用户和企业实现共同发展。

万科事业合伙人的设计分为 3 个方面：第一，推出了“合伙人持股计划”，即将企业内的 EP（经济利润）奖金获得人变成万科合伙人，EP 奖金也转化为股票，激励所有人参与创新，提高企业盈利能力。第二，推出了“项目跟投制度”，即负责项目的公司管理层必须与公司一起投资。第三，事件合伙，即以事件为主导，临时组织事件合伙人参与项目，拆解原有部门的职务，重新构建管理模式，以确保事件获得最有力的支持。

事业合伙人激发了更多人的参与感和创造力，同时以事件为核心，也避免了很多利益纠缠，让大家共同享受利益，共同承担风险，建立良好的信任，形成更大的合力。

（3）生态链合伙人

生态链合伙人主要是指企业外部合伙人，如企业的供应商、经销商、用户、资本方、离职员工及其他生态链上的资源提供方。

肆拾玖坊利用“堂口”模式，让一个又一个“白酒爱好者”变成了自己的忠实粉、铁粉。用户在它们的堂口买了酒，而且觉得好喝，后面就会持续在这里买酒。买酒仅仅是开始，肆拾玖坊设计了引入机制和用户成长计划。这样，用户从普通消费者变成会员再变成股东，股东变堂主，堂主又变舵主。通过这个路径，消费者也成了企业的经营管理者。

生态链合伙人是发挥超级用户最大能量的方式，也是拓展企业盈利来源和空间的方式。

不管是哪种合伙人模式，让人凝聚的是合伙人精神和共同的价值观。共创事业说到底是一个复杂的工程。只有理念相同，所有人都愿意为这个理念奋斗不息，才能真正实现共创事业、共享收益、共负责任、共担风险。

第3章

找到超级用户，撬动超级增长

扫描二维码，
收看章节导读视频

企业要想获得业绩增长，或者通过跑马圈地扩大规模，或者做深度分销、精耕细作，抑或深挖客户潜力、增加服务项和提高客单价……都可以通过超级用户来完成，超级用户拥有巨大的资源和潜能，使企业可以围绕着产品和市场的竞争策略，搭建庞大的销售渠道，实现爆发式增长。

3.1 怎样找到你的超级用户

在5G时代，物联网、人工智能、大数据和云计算都成了基础设施，在相互融合中发生了重大变化；同时，随着互联网、移动互联网的普及，信息触达效率空前提升。不光企业在加速数字化建设，四面八方的合作伙伴之间也在建立连接，全民的数字化和连接意识都在觉醒。人人都有通过好产品激活社交圈的需求，技术和商业模式让人脉变现成为可能，个人寻找合适的平台实现自我价值已经成为一种消费新姿势、创业新模式。企业和超级用户在双向奔赴。那么，作为企业，怎样找到自己的超级用户呢？

3.1.1 找到原点人群

所谓“原点人群”，就是和自己的企业理念一致的那些人，他们最主要的特征是超级认可你（见图3-1）。

图3-1 原点人群的特点

最早入局国货运动新品牌的“暴走的萝莉”，一开始在淘宝上架的产品码数齐全，但买家秀参差不齐，大大影响了品牌的形象。

创始人有一批忠实的用户，这些人是她早期在微博上发运动体验照片时积累的粉丝，她们有一个共同的特点，就是爱美，运动后愿意拍照分享。在和这些人互动的过程中，她意识到要回归原点人群，于是将特大码和特小码都取消了。自此以后，买家秀美照比比皆是，“暴走的萝莉”产品好评率高达99%。

卖家秀是幻象，买家秀才是真实。这几乎成了用户的一种认知。因此，大多数人网购商品时都会去看买家秀。如果买家秀惨不忍睹，那么用户多数立刻弃店。这是大多数商家的痛点，它们会通过红包、优惠券等激励手段促使用户发高质量的买家秀。其实这是治标不治本，它们没有找到自己的原点人群。

原点人群是既能推动创业者快速崛起，也始终能维护创始人信仰的那群人。比如，让小米崛起的那100个重度发烧友，就是原点人群。原点人群最容易为企业打造信赖传播的坚实渠道，增加更多用户对品牌和产品的认同，进而推动企业增长。找到他们，始终和他们保持顺畅的沟通，反复确定价值理念，企业就能获得他们的超级投入。

肯德基刚进入中国时，首先圈定的就是原点用户群——小孩子，让孩子们做宣传者，在店铺里当值日员，还在店铺里设计了儿童玩耍区。

在物质极大丰富的今天，企业若没有这样的原点人群，即使有再多的物质资源，不断投放获客，用户也会来也匆匆，去也匆匆。用户群不稳定，企业的发展会举步维艰。

一般来说，原点人群有以下几个主要特点：超级认可品牌的价值理念，或者品牌创始人的价值理念，比如老罗创业时，他多年积累下来的铁粉就是原点人群，哪怕他负债几个亿，不得不进入直播赛道，做新一轮战斗，最先支持他的也是这些人；对产品有最迫切需求的消费者，能使产品价值最大化的人；对产品设计、研发等有专业见解的人群，对产品评论多的人。针对这些人，只要给予身份、荣誉、利益激励，就能驱动他们为企业服务。

3.1.2 从老用户中找

老用户进化为超级用户，购买力会提升 5 ～ 10 倍。亚马逊 Prime 会员的购买力是非会员购买力的 2 倍，汉庭酒店华住会 VIP 的消费是普通用户的 5 倍，京东 Plus 会员的购买力是非会员的 9 倍……超级用户通过自身的消费能力就能为企业的增长贡献价值。那么，怎样从老用户中找超级用户呢？

采用传统的营销模式，需要通过漏斗将潜在用户变成普通用户，再变成 VIP 用户。这些已经成为 VIP 的用户最容易成为企业的超级用户，因为他们对品牌超级熟悉、超级认可，也超级有资源，不但复购率高，而且可能成为企业品牌的宣传者，转介绍其他用户来购买。唯一的问题是 VIP 是否愿意投入企业，这就需要企业制定合理的利益驱动机制。

在流量红利见顶后，流量断杀变得更加尖锐。

如招商银行就曾在服务大厅门口摆出温馨提示牌：他行的 VIP 就是我行的 VIP，出示任意银行 VIP 卡即可进入贵宾室办理业务。

对用户来说，越方便，越有利，就越愿意依附。用户对品牌的忠诚度，建立在对自己是否有驱动力的基础上。所以，对于已有品牌来说，深度挖掘老用户，留住 VIP，将其变成超级用户已经刻不容缓。

VIP 只是一种用户形式，其主要内涵是重度消费群。企业需要根据数据库找到复购率最高的那部分人，快速与这些用户建立一对一的沟通渠道，明确他们的需求，确定他们的驱动力，确保企业能为他们赋能。基于此，制定合理的激励机制，让用户能快速见到效果，将 VIP 转化为超级用户。

从老用户中找超级用户有几种方法：第一，需要借助数据库，以复购率为关键指标，围绕复购率做用户画像，深度挖掘用户价值；第二，从异业联盟的老用户中找，比如，酒店、航空和通信的异业联盟，通常一个行业的老用户也是另一个行业的重度用户；第三，从同业竞争者的老用户中找，比如案例中的招商银行服务其他银行 VIP。

需要注意的是，通过购买数据来寻找超级用户是最基本的方式。但超级用户不一定是直接购买者，还可能是有效推荐者，即有超级资源者、对品牌超级认可者。因此，在对老用户进行数据分析时，企业需要建立多元立体的数据库，找到购买力低但转化裂变能力强的用户，将其转变成自己的超级用户。

3.1.3　从传统行业从业者中找

传统行业从业者的最大特点是对行业、产品、服务都有着深度理解，有着丰富的产品或者运营经验，同时也是资源拥有者。他们通常是某项技能专家，比如装修行业顶尖设计师、其他行业的销售冠军等，也可能是线下门店、夫妻作坊的经营者，因为受到新商业模式的冲击，急需尝试变革……他们对企业的作用，通常会超出预期。

这些行业从业者加入企业后，所扮演的角色可能是渠道商，也可能是传播者。不同的行业需要寻找的对象不同。以运动品牌为例，运动员就是行业从业者，明星运动员具有一定的号召力和影响力，最容易将新产品信息扩散出去。

奥运会期间，各大运动电商平台冠军运动员代言的产品销量都非常高，因为这段时间这些明星运动员是全国民众注意力的集中地。奥运是国家之间文明的竞技排位，对于经济和实力都处于上升期的中国来说，民众的自豪感和自信心也处于上升期，每个人都会关注代表中国出征的奥运健儿，关注比赛，加上运动健儿的惊艳表现，关于奥运的内容通常会获得很好的流量。

运动员既是运动产品的用户，也是相关行业的从业者。同时，明星运动员还是KOL。这样的人群永远是运动品牌不可或缺的超级用户。

从传统行业中找有以下几个主要步骤。

1）找到与企业品牌相关的传统行业。以运动品牌为例，运动员是其中之一，健身俱乐部也是与之相关的传统行业。

2）找到最具有话题度的从业者。有话题度意味着有曝光率，能使品牌得到迅速传播。

3）找到最具有影响力的从业者，比如行业里技术或者营销在某个区域做到前 10 的人。

这是一个传统行业和新消费、新兴企业融合共建的时代。传统行业虽然受到了科技和商业模式变革的冲击，但在创新思维下重构，依然是目前的商业主流。传统行业多年积累下来的经验、资源、模式，也有很大的价值，只是看我们如何充分利用。

3.1.4　从一般性的业务合作中找

业务合作者本身就是企业的相关利益者，是需要长期维护的关系。在超级用户思维下，企业可将业务合作者作为企业员工，为他们赋能，获得共赢。

2020 年疫情期间，社区拼团十分火爆。它所挖掘的超级用户一般为便利店、水果店老板，他们的资源都是精准的周围社区居民。社区拼团以团长为核心，打造了一个典型的“S2B2C”模式的小组织。以“你我您”社区为例，其组织模式和打法如图 3-2 所示，通过总部为团长赋能，团长直接承担获客、营销、配送等多种职能。在这种模式下，团长成为企业业绩增长的核心力量。

疫情期间，“你我您”社区打入下沉市场，在二三线城市中非常火爆。团长在其扩张和成长中的作用不可小觑。在这样的小组织结构下，企业只负责做供应链，整合农场资源，提供又便宜又新鲜好吃的 SKU，其他任务都交由团长来完成。企业和团长之间形成了内外部组织的协同合作，用户则得到了实惠和方便。因为去掉了水果店传统供应链的层层抽点，再加上在团长这里还能获得平台难以提供的人性化服务，这个链条自然成立并能获得爆发式成长。

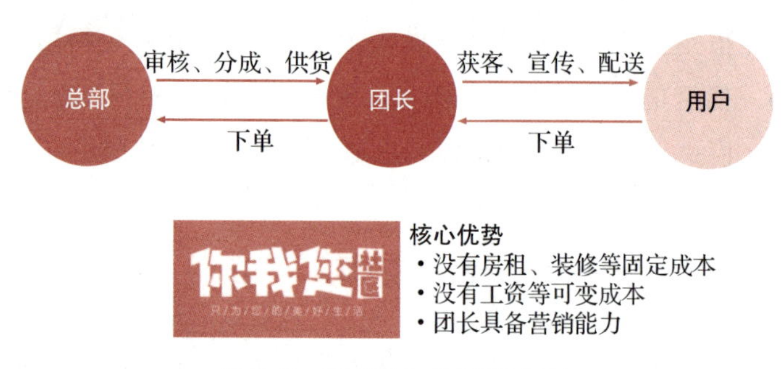

图 3-2 “你我您”社区拼团打法

当然，不是所有的超级用户都能如社群拼团的团长一样，完成更多的企业任务。更多时候，超级用户只能完成某一项，比如资源拓展。所谓资源拓展型超级用户，就是邀请目标用户到场景即可完成任务，其关键词是“种草”和“信任状建立”，没有销售的任务。这些超级用户为企业带来的是间接利润，即通过裂变拉来用户，扩大盈利规模。

从业务合作者中找超级用户也可以延伸到整个产业链上，比如上游的供应商、下游的应用商。供应商和应用商都有自己的用户群，企业可打通产业链条，打造与所有合作者的生态圈，这些上下游企业既是合作者，也是企业的超级用户，双方可以实现互助共赢。

从合作者中寻找超级用户需要注意以下几点。

1）合作者要在其领域中具有较大的话语权，可以帮助企业品牌做多维度曝光。

2）给予合作者一定的权力。当前企业和合作者订立盟约，考虑的都是权益，很少将属于企业内部的权力赋予合作者。但在新商业模式下，给予对方一定的权力，双方的合作效益更大，比如拼团合作。

3）进行资源整合。在当前商业环境下，合作的主要目的不光是双方借势，还是资源整合，让资源形成 1+1 ＞ 2 的优势。

3.1.5　从员工中找

在超级用户思维下，任何企业外部的超级用户都可以成为企业的员工，而企业的员工同样可以成为超级用户。

在大型商业连锁企业中，文峰大世界在全国排名并不靠前，但也拥有 54 家门店。其运营模式是典型的线下传统区域营销模式。因此，2020 年这场疫情对它的冲击很大，在 1 月底一连关掉大半门店，最后只留下还有流水的 15 家门店。

就在人们以为它撑不过疫情时，进入 2 月，文峰大世界的销售额不降反增，凭借线上商城 1 个月就完成了全年销售目标。文峰大世界的线上商城是在 2019 年推出的，但并没有建立私域运营。那么，它凭什么取得了这样好的成绩呢？

文峰大世界的盈利模式就是分销，把 1 万多名员工全部发展成了分销商。文峰大世界设置了详细的分佣激励体系，然后发动全体员工上线做导购，使用发朋友圈、直播等工具进行销售。对于员工来说，他们熟悉产品，可以在朋友圈、线上直播将产品直观展示到自己的社交圈子中。因为社交圈子以熟人为主，本身就具有一定的信任度，因此，下单转化率很高。一开始，这些员工只是卖菜，那是那个时期的刚需。为了卖好菜，一些员工开始拍摄做菜的过程，让调料、配料、菜板、菜刀、锅碗瓢盆等其他产品也都展示在镜头前。这样，一场直播下来，用户不但看到了菜，还看到了其他商品，下单率更高。这样的员工很快就成了文峰大世界的超级用户，文峰大世界也通过更好的分佣模式给予这样的员工更多的支持，同时也激发了更多员工采取更多元的方式进行线上销售。

让员工成为企业的超级用户需要注意几点：第一，敢于打破传统的企业和员工之间的关系模式，允许员工自建小组织和私域，并能用私域或小组织为企业服务；第二，政策要公开透明，让员工有的放矢；第三，员工是内部人员，要有一定的倾斜政策支持，以更好地调动员工的积极性。

3.1.6 从 KOL 中找

这也是目前最普遍的寻找超级用户的方法。我前面提到的原点人群、老用户、传统行业从业者、一般性的业务合作伙伴都可能是 KOL。因为大媒体机会结束了，小媒体时代刚刚开始，全民都在做私域，不光企业认识到超级用户的作用，大众也认识到了做超级用户的额外回报。KOL 越来越多，很多 KOL 在细分领域精耕细作。他们在进行内容制作时，已经对用户进行了定位和探索。随着私域越来越完善，他们对用户群的刻画也会越来越精准。企业直接找他们做超级用户，可以省很多的时间和经费，而且触达效果会更好。

吴晓波在上线音频付费节目《每天听见吴晓波》时，遇到了技术瓶颈，用户的收听体验感很差，支付接口也不稳定。一个偶然的机会，他遇到了从腾讯出来创业的鲍春健。鲍春健研发了一款数字化工具“鹅眼”，正在寻找市场。鲍春健向吴晓波展示了自己的产品，吴晓波便邀请鲍春健为自己的节目做技术支持。

《每天听见吴晓波》试用“鹅眼”后，用户体验果然大大改观。吴晓波很看好这款产品，主动投资，并为其改了名字，叫“小鹅通”，还和鲍春健就赛道问题做了市场分析，认为将小鹅通当作普惠性产品会更好。鲍春健积极采纳了吴晓波的意见。接着，吴晓波又帮忙做客户拓展，将小鹅通推荐给自己投资的十点读书的林少。恰逢知识付费兴起，小鹅通很快在市场上站稳了脚跟。

小鹅通从上市之初，没有依赖烧钱模式，而是始终站在用户的角度，特别是 KOL 用户的角度，根据用户的需求不断更新迭代产品，增加模块功能，使产品更具有普适性。当发现学习服务可以更好地沉淀用户后，小鹅通开发了学习服务功能，正好把握住了学习和服务井喷式的需求，大大提高了 SaaS 工具的市场份额，成了一款主流产品。小鹅通也成了学习服务领域的独角兽。

能量非凡的 KOL 可以成就一个企业。鲍春健经常说：“我不是小鹅通的 CEO，只是 CTO（首席技术官），小鹅通就是企业的 CTO。”这是为小鹅通做了企业定位，也是为超级用户在企业中担任的重要角色做了具体说明。超级用户之所以能撬动超级增长，是因为他有超级需求，有超级资源，有超级影响力，甚至可以帮助企业进行超级变革。比如，SaaS 行业都喜欢在产品首页标明使用自己产品的大用户，以及用过产品之后的成绩，这就是充分利用 KOL 的资源。

润米咨询创始人刘润在推广自己的图书时，就曾与各大 KOL 合作。在一次直播时，与他合作的 KOL 带来了 27 万粉丝在线听讲，几分钟内就卖出了几万本图书，成效远远大于京东、淘宝店铺的销售。

KOL 的私域（如社群）是用户资源活跃区。企业和 KOL 合作，精准投放到有需求的用户区，比大面积广告投放效果更好。

企业寻找 KOL 需要注意以下几点：第一，不同类型的 KOL 能扮演的角色不同，发挥的价值也不同，企业要善于发掘 KOL 的优势；第二，利用 KOL 做宣传推广是比较好的获客方式，被 KOL 种草的产品或者服务更受大众欢迎，但是企业必须要找到与用户群匹配的 KOL，首先要根据历史用户数据对自己的用户进行画像构建，然后找与自己的用户群画像重叠的 KOL 并进行筛选，保证 KOL 的价值观和企业的价值观一致；第三，在投放的过程中，企业不能依赖任何一个媒体平台，而是要架构多层面媒体，寻找多个 KOL；第四，搭建 KOL 生态圈，或者做 KOL 的社群，与更多的 KOL 共享用户和资源，比如一些公众号大号会建群，进行联合互推，共享用户的同时也为用户贡献了更多、更好的资源。一般来说，高频消费行业最适合搭建 KOL 社群，比如生活百货类，每个 KOL 深耕垂直领域，多个 KOL 就是多个领域，用户能在更大的范围内获得更精细化的产品或者服务信息。

其实，在消费者越来越重视品牌的今天，创始人也要能不断打造 IP 形象，做行业的 KOL，通过不断和更多大 IP 和 KOL 碰撞对话，推动企业品牌曝光，获得更多的用户支持。

寻找超级用户的底层逻辑不是完成销售，而是找到那群和企业有共鸣、能共情、愿意共同投入，来打造一个美好的城堡的人。企业负责提供完善的基础设施，超级用户享受到福利后，利用他们的影响力，让更多在城堡外的人愿意进驻城堡，共同完善城堡的生态。

3.2　从 0 到 1 打造你的超级用户

超级用户思维是一种商业文明的变革。企业只停留在“我知道谁是超级用户”远远不够，更要知道如何吸引他们，将他们打造成企业的超级用户，永久留住他们，让他们以能和企业一起成长为荣。

3.2.1　打造价值观

找到原点人群的依据，就是企业的价值观。更明确地说，我们在寻找超级用户之前，要知道我们能为用户提供什么价值（见图 3-3）。

图 3-3 打造价值观

（1）价值梳理

价值梳理是价值输出的前提，首先确定企业有哪些价值，能为用户解决什么问题。

我创立的产品入座会，秉承的理念是“让企业不再为流量焦虑”。流量焦虑，是当前商业形态下大多数企业的痛点。而我擅长的营销与流量赛道下的社群营销，能更好地解决这个问题。我的价值观是互相成就，入座会更像是一个互助合作群。成为入会座会员，不但能从入座会获得打造私域流量和社群的方法论，用超级用户的思维来解决获客问题，还能通过入座会找到志同道合的合作伙伴，搭建超级用户的网状体系。其实不光会员受益，我在服务会员期间，同样会得到会员的帮助——我的天使投资人就是我的两名会员。

在进行价值梳理时，我们需要考虑以下两个问题。

第一，企业提供的产品或者服务价值对用户最独特的点是什么？即独一性和专向性，比如，入座会只做营销与流量赛道下的社群营销。商业社会下各领域在不断地垂直细分。每个人都会有一种感觉，身边到处都是精英，卓绝不凡，但大机会反而越来越少。我选择了老本行，不做大品牌营销，只做小而美，同时又能切实解决企业痛点，就是相信未来更多的机会在于垂直和细分。

第二，企业梳理的价值和用户真实的痛点，是对应的吗？我们常说的用户体验，就是在用户所在的各个触点输出价值。用户体验不好，企业的价值一定存在偏差。以快递为例，企业输出的价值观是安全，让人放心，如果在服务用户的过程中出现包裹丢失，那就是价值出现偏差。同样，如果企业输出的价值观是快捷、方便，那就不能让用户等待时间太长。

很多企业了解用户的痛点，为了迎合用户，提出的价值点也的确符合用户的需求，但落不到实处，这样对用户的伤害极大。超级用户最大的价值是用户的信赖感，因此，在和企业合作时都会对企业进行考量，一旦发现企业的价值理念是包装的，就难以实现合作。

（2）打造故事体系和传播场景

传统企业的价值观都是贴在墙上的，好一点的有传输的动作，比如通过大屏幕广告灌输给用户，但用户感受不到。在当前商业环境下，传播不是通过关键词，而是通过讲故事，将故事场景化来让用户真实触摸到企业的价值。

以在线培训来说，0 元促销是获客的制胜法宝。有一家企业传递的价值是以更低的价格学到更有用的知识。广告宣传故事是一个人用一分钱撬动了很多图书。它采用的一个价值触点就是 0 元促销，可投入市场后，没掀起一点波澜。原来，它的 0 元促销课要么对用户毫无吸引力，要么解决的只是表面问题，没有满足用户的刚性需求，后期又缺乏跟进服务，用户感受不到诚意，自然不愿意付费进入正式课程，也就没有了转化率，更别说留存了。企业找的几个KOL在收到反馈后，都放弃了和企业持续合作。

打造故事体系和传播场景，不是表面上的广告宣传，而是要讲一个用户群体的痛点故事。这个故事的主题要涵盖品牌的所有运营场景，任何一个运营场景的体验氛围都要与这个主题保持一致。

有个企业做的是在线会计培训，它讲述的故事是笑着学枯燥的内容。它采用的价值触点也是0元促销，在0元促销中提供了三堂课。讲课的老师做了20多年的会计培训，非常幽默，他把小知识点全部用故事形象化表达。用户体验特别好，一堂课听下来又轻松又有趣，让人感觉会计原来这么好学，这么好玩。最有意思的是，就连KOL都觉得写宣传推广内容非常容易，甚至一篇推广文的阅读量并不低于平时内容输出的阅读量。

讲故事能让价值点变得更感性，而能感动用户的故事，才是最有用的价值点。

这里需要注意，企业要把控用户每一次触达产品的节点和场景，使用户每次触达感受到的价值，都能和企业想传递的价值一致。以暴走的萝莉为例，用户的第一次触达可能就是买家秀。店铺供货包括全号码时，买家秀让人啼笑皆非，那就出现了价值偏差，必须要做修正。

多媒体传播、多场景覆盖，是当前商业推广的必要思路。企业触达用户的时间、地点不再唯一，必须要在每一个触达节点都让用户感受到企业的诚意。因此，企业在设计每个价值触点，包括广告投放、公众号中弹出的文案、社群分享、加销售微信的第一句话等时，都要强化企业一直在强调的价值点。比如，少儿教育产品如果有宝妈分享区，那么一定要确保宝妈讲述的每个故事都和企业的价值点一致，形成统一的观感和体验感。企业讲的故事不只是吸引用户的故事，更是让超级用户愿意进行多维分享的故事，才会带动更多的用户，吸引超级用户。

3.2.2　让他变成你的超级用户

用户都是感性的，因此站在用户角度，知其所好，投其所好，和他成为朋友，他才能成为你的超级用户。

（1）做用户画像

用户画像必须要依据企业的价值点，包括用户群是哪些，他们的年龄、身份、兴趣爱好、行为特征等。

以完美日记为例，完美日记的用户画像是 18 ～ 25 岁的年轻女性群体，主要的身份是大学生、刚步入职场的白领。这些人追求颜值与个性表达，爱美食、爱美景、爱追星。

再看小红书的用户画像，“2021 小红书活跃用户画像趋势报告”显示，小红书用户的年龄集中在 18 ～ 34 岁（占比 83.31%），身份以女性都市白领、女性职场精英为主（占比 90.41%）。这群人热爱种草，追求高品质生活，消费能力强，使用品牌的数量较多。

用户画像越具体，驱动机制越能投其所好。

(2)构建最小单元

超级用户爆发像是涟漪效应，从核心处不断向外扩展，核心处的波动能量越强，涟漪扩大的范围就越广。因此，构建最小单元至关重要。所谓最小单元，其实就是最符合企业价值理念并忠诚于此的那一小部分人。很多企业明明在外围已经受到粉丝的关注，可因为最小单元没有形成，人才匮乏，私域运营无法复制和扩展，浪费了大好的时机。

最小单元一定要符合两个字：一个是纯，一个是精。所谓纯，就是不能有任何杂念。发烧友的圈子通常黏性会非常高。为什么？因为他们是重度信仰者，一般的利益很难打动他们。超级用户群同样适合这样的原理，只有重度信仰者，才能保证核心价值不会分散、碎裂。所谓精，简单理解，就是精英。他们对价值点的理解更透彻，同时能在价值点上贡献价值。

最小单元群体构建之初，千万不能直接用利益来驱动，否则后面就会走形。最小单元群体因为是重度信仰者、有资源者，荣誉感、身份感更能激励他们。我们在第 5 章会详细讲到超级用户的驱动力。

需要注意的是，企业在构建最小单元时，不能过度强调能力，而应该着重强调意愿。也就是说，企业的合作机制要具有超强驱动力，让这些人主动贡献自己的力量。最小单元具有超强的凝聚力，后面的传播扩散才具有复制性。

(3)通过互动增进感情

超级用户一开始的身份也是陌生人，因此企业需要通过不断沟通，拉近和他的关系，具体来说，可以这样做。

第一，一对一高频沟通。超级用户是服务于企业的，企业也必须要服务于超级用户。而为了能更好地服务于超级用户，企业必须真诚地与超级用户沟通，了解他的所需所求，以便确定如何以最好的方式满足他。

当然，现在科技发达、媒体众多，企业也可以使用一对多的沟通方式，比如可以用视频号、直播等载体。这些沟通方式的主要的目的是提供服务、价值输出，让超级用户觉得和企业连接也能促进自己的发展。

第二，推出让超级用户愿意参与讨论的内容。超级用户的内容运营一定要尽量覆盖所有的时间和场景。时间就是从早上到晚上、从周一到周日。场景可以是朋友圈、微信群、直播、线下活动等。内容一定要精心打磨，能引起互动和讨论，以便企业进行超级用户需求的深度挖掘，让用户从中感知到企业的价值观，进而认同、信任企业。

第三，给予超级用户真诚的关心。我们对孩子表达关心时，会在生日那天制造惊喜，对用户也一样，要多为他制造额外的惊喜和超出预期的内容，这样才能激发他自愿成为你的超级用户。

其实，增进感情的方法很多，但不能脱离本质，即真诚沟通。和超级用户建立联系的底层逻辑，就是对超级用户有心、用心、走心。

当这些最小单元凝聚到企业后，企业可再对其实行项目化管理，找到每个人适合的渠道人群，让他负责下一层级的连接和扩展。同时，企业可以帮助这些人寻找他们的最小单元，如此形成涟漪，持续向外扩散。

超级用户是一个独立的资源体，他有自己的价值创造和奋斗方向，因此，一次成为企业的超级用户，不代表永远成为企业的超级用户。所以，企业还必须要建立防止超级用户流失的机制，持续运营，提高超级用户的黏性。

3.2.3　建立用户价值成长体系

向外部寻找超级有资源的超级用户更简单，但都有一定的条件，也需要一定的机遇，可遇不可求，成本也更高。我们不能全部依赖机遇，而要学会制造机会，充分调动企业私域能量，把精力放在老用户身上，采用一定的机制，促进老用户的价值增长，延长老用户的生命周期，建立用户价值成长体系。

（1）和用户高频互动——提升复购率

提升老用户复购率，形成良性销售数据资产，是撬动企业利润增长的重要方式。为此，企业需要多渠道和用户进行高频互动。

第一，场景载体

所谓场景载体，就是触达用户的平台，主要包括视频号、朋友圈、社群、公众号、小程序、微信、微博以及抖音等。每一个平台的交流模式不同，所能交流的深度也不同。企业不但要注重信息输出，还要注重用户反馈。

第二，实现工具

实现工具主要包括两种：一种是创立运营人设，拉近与用户的距离；一种是发放福利券，用利益来促活。

以完美日记为例，它在创立三年内就赶超海内外经典大牌，成为天猫国货彩妆 NO1，年销售额达 30 亿元，粉丝超过 1000 万。这种势如破竹的发展速度，除了占据朝阳赛道外，最值得称道的就是其独特的运营模式。

第一，群主小完子专业而亲和

完美日记的社群群主是个人号，号名叫“小完子”。该群主有形象，是一个颜值很高的年轻女孩；有角色，是一个专业度极高的美妆顾问，经常会推送有价值的干货；有生活朋友圈，会经常发自拍，晒生活照。

她是虚拟的，“小完子”有几百个微信号，但对于用户来说，她就是朋友，因为有专业的知识而值得信赖，因为有生活气息而非常容易接近。

以往的社群运营，群主都是品牌方员工。好的品牌能让用户产生信赖感，但不会让用户产生亲近感。而“小完子”这个群主形象，却让用户不由自主地投入感情。品牌方可能需要以不断发红包等方式讨好用户，而“小完子”通过不断输出内容、制造最合适的话题和用户互动，就获得了用户增长，提升了转化率。当然，“小完子”也发红包，但对于用户来说，那是朋友之间的互动，带有娱乐性、共享性，用户愿意为之做出回报。

第二，极致宠粉

完美日记的粉丝福利非常多。除了红包、赠小样，“小完子”

还经常在朋友圈发布低价限时秒杀、限量试用、惊喜福袋等活动，在春节、女王节等节日，还有满赠满减、买一送一等多种活动。这些活动都有限时性，过期不候，这也让用户非常珍惜这些福利。尤其新人活动特别多，下单送试用礼包、五折促销，简直应有尽有，让用户一进来就感觉不买就亏了。

第三，社群真人陪聊下单

用户在社群里提出的任何问题，都会得到“小完子”的点对点回复。对于有购买意愿的人，“小完子”会全程陪聊，帮助用户下单。

完美日记通过“小完子”这个超萌可爱的人物形象，吸引了大量用户的关注、互动，并通过宠粉的行动，提高了用户的黏性，带动了复购率的提升。

认知心理学认为：长时间接触，人与人之间的感情就会增强。消费心理学认为：人们95%的消费行为来源于习惯，而这个习惯通常会在一遍遍的重复中沉淀形成。企业和用户互动频率越高，用户对品牌越有感情，因此他有需求的时候，想到你的概率就越高。他第一次购物体验感觉很好，就容易产生第二次、第三次购物，几次复购后，就会形成消费习惯。

很多企业复购率低，找我出主意。我认为问题不是出在复购环节，而是前期的动作不够，用户对企业没有感情。如果没有感情，即使使用强力结合，也很容易一拍两散。

（2）用户创造内容——口碑可视化

新的消费逻辑更容易受周围人分享的影响。塑造品牌故事可以让用户产生情感共鸣，提升产品在用户中的口碑，使用户愿意主动为产品种草和转介绍，进而开辟新的互动路径和数据资源。

第一，场景载体

让口碑可视化的场景载体包括视频号、朋友圈等。

第二，口碑传播的主要形式

口碑传播主要有两种形式：一种是用户自动生产内容传播，比如各媒体平台的博主都喜欢蹭热点，针对热点事件，他们会主动生产内容主题，以期获得广泛的用户关注；另一种是在没有形成热点趋势之前，企业需要主动带节奏，根据营销目标，生产好内容再打包发给用户，让用户进行传播。

元气森林上市第一款青瓜味苏打气泡水时，就是通过主动制造内容，突出自己的特性，很快在各大平台形成了传播旋风。首先，元气森林先有研发中心后有企业，也就是说，产品研发作为发展驱动，保证产品的质量。其次，这款气泡水的原材料是赤藓糖醇，其对这种原材料进行了科学解读：甜度只有蔗糖的 7/10，但口感和蔗糖接近；零热量，不用担心增加脂肪；不参与糖代谢。最后，剂量配比也符合人体肠胃接受度。

包装饮品在中国几乎达到饱和，元气森林能杀出一条血路，就是凭借站在用户的角度来研发新产品，并依据用户的需求做口碑宣传实现的。

抛开产品不说，光是又甜又不会让人发胖，又好喝又健康，这样美好的宣传内容，就会让用户心生向往，在体验过后，自然愿意主动去宣传。

在团购行业，企业通常会自制内容。为了完成拼团，用户会主动帮助企业发布产品文案以及产品信息（如价格、功能等），比如，京东的拼团型平台京喜。

如今，每个人都有自己的圈子和私域。微信、小红书、抖音、快手、微博、知乎、B 站等，作为个人私域，它们需要输出一定的内容获得粉丝，并最终完成变现。因此，它们愿意为企业去做口碑宣传，但企业的产品和品牌得让它们信服，因为它们的目标不只是从企业获利，而是获得粉丝的支持。当然，内容传播途径很多，如朋友圈一句话，和好友聊天，在平台上投票、点赞等。这也对企业产品和品牌提出了更高的要求。只有真正符合用户需求的好产品，才会在全渠道覆盖中形成良好的口碑，在口碑达到一定量后，就会出现质变，并最终形成一个大众品牌。

（3）用户担任企业的多个角色——成为超级用户

当用户能够主动维护企业的品牌形象时，企业品牌已经深入用户内心，此时再根据其资源和需求，让用户承担其生产运营的角色，为其赋能，帮助其进行自我价值的挖掘，构建新的数字资产。

很多宝妈并不具备营销的能力，但一些教育 App 会发展宝妈作为超级用户，一开始自然不是看重其能力或者资源，而是其与企业理念的同一性。就像我前面说的小步，企业能解决宝妈们的痛点，使宝妈们愿意为其付出努力。此时企业再为其赋能，比如将已经定制好的内容转给她们，让她们在朋友圈传播，再给予一定的物质激励，促使她们主动去摸索运营和销售。在宝妈们迈出第一步后，企业还会对她们进行专业的营销培训，帮助其提高运营能力，使其成长为超级用户，逐渐拥有自己的资源，并逐步放大资源。

行业不同、产品不同，超级用户所能承担的外包角色不同，企业需要为其赋能也不同。企业可以对生产运营全环节进行细分，如生产制造、原材料采购、物流、运营、产品包装、销售、售后等，并在可能的环节嵌入超级用户，画出一张超级用户承担的角色全图，并对角色进行职责、职能描述，清晰化企业为超级用户赋能的节点以及使用什么方式帮助用户挖掘潜能。

一般来说，老用户最适合担任企业的运营和销售角色，但还需要具体情况具体分析，比如有些高价低频行业只有高专业度的销售人才才能做营销，普通用户在其中不适合担任销售角色，所以不能一概而论。

有一些企业需要超级用户做的内容并不难做，比如拼团的团长，只要收集普通用户的采购信息，货到后进行分发，平时在社群里转发一下秒杀的信息就可以了。再比如前面说的团购小组织的团长，也是发布企业的传播信息即可。但让企业来做超级用户承担的这类角色，成本大且效果不一定好，因为企业与普通用户之间是陌生关系，光是建立信任感就需要花费巨额成本。

在私域运营时代，深度挖掘老用户的价值，把忠诚度高的老用户培养成超级用户，嵌入企业生产运营各个环节，既可以提高其黏性、延长生命周期、持续提高复购率、增加企业的数字资产，又能因和消费者的互动路径更丰富，更有效地把握消费市场的变化，助力企业低成本预防危机、发现生机、不断升级品牌力。

3.2.4 延伸："100+1"的拉新策略

超级用户最大的魅力之一，就是转介绍能力。

慕思是一个软床行业品牌，因为首创了健康睡眠系统在国内外拥有大批用户。慕思在对高端用户调研中发现，他们的购买初始基因几乎都是来自朋友的介绍。有数据显示，慕思用户的忠诚度高达99%，而老用户转介绍率高达68%。这种老用户自发的转介绍为慕思奠定了市场基础。

对于企业来说，当你拥有100个超级用户，这100个超级用户对你认可度很高的时候，你招募下一个用户就会是一个非常顺滑的过程。这个拉新策略叫作"100+1"，如图3-4所示。

图3-4 "100+1"的拉新策略

（1）先找到 100 个超级用户

我们在前面说的找到原点人群，就是这 100 个超级用户。100 是个限量，但这个限量不止有稀缺感那么简单。

第一，100 是验证人

这 100 个人相当于企业没有杂质的分身，必须要经过沙里淘金，才会在后面的裂变过程中发挥中坚力量。在淘选这 100 个人时，企业也可以更清晰自己的目标。

霸蛮牛肉粉有着明显的湖南特色——辣，中药味浓。创始人张天一在开始做社团时，有很多粉丝希望霸蛮能降低辣度和中药的浓度。但张天一经过一番思索后，将用户定位在年轻人上，坚定地维持原来的特色。他认为："不去迎合，让产品保留态度，也就保留了温度，让产品有了辨识度。"

这个 100 的含义不只是 100 个超级用户那么简单，它其实验证的是企业的品牌、产品、价值观和用户定位是否保持一致。只有保持一致，超级用户才会和企业形成完整的融合，才会成为无杂质的分身。

第二，100 打造的是超级用户的归属感

原点用户这个身份对于超级用户来说，具有极强的归属感。而归属感是提高用户黏性和忠诚度的关键。任何人都愿意对自己人做出更多的奉献，尤其是一个让自己的身份更显突出的自己人。超级用户也不例外。

以微博为例，微博是明星对外宣发的重要窗口。明星会在微

博上发布动态，以获取极大的流量。可对于微博来说，明星却比垂类大V贡献的社会资本小得多。明星发布动态，微博是不可控的。但垂类大V生产的内容多、活跃度高，对微博粉丝热情负责、积极互动，还愿意配合微博活动。所以，微博开始深耕垂类，将垂类大V作为超级用户，帮他们找定位，给予匹配的资源，同时根据跟踪用户的数据，开发新功能，扩展新权益。这之后，微博的日活量和变现都快速增长，用户在微博的时间延长，使用微博的频次也增加很多，并带来了大量的社会资本。对于垂类大V来说，微博的赋能也让他们在微博的归属感更强。

企业为超级用户打造身份，并不是简单地给予一个称谓，更多的是名称背后的权益。企业和用户之间匹配度越高，互相赋能的机制挖掘得越深，超级用户的获得感越强，驱动力也就越强。

第三，100个超级用户其实是100种资源

这100个超级用户要保持理念的一致，但并不是资源的重复。企业要使这100个超级用户发挥更大的潜能，就要选择多种资源。因为资源的不可叠加，企业和100个超级用户之间没有冲突，而且会形成更完美的利益互补关系。

（2）裂变

“100+1”中的1，就是裂变的开始。在这个策略中，裂变有以下几个特点。

第一，超级用户有社交的需求

社交，是人的基本需求。超级用户为了拥有更多的资源，也

会通过社交进行连接。比如，和好友分享一个非常有价值的东西，增进友谊。拼多多针对普通用户制定了合理的驱动机制，比如转介绍红包、砍一刀等，都能调动其主动性。对于超级用户来说，企业都会有更好的利益分成机制，如果再加上优质的产品，超级用户会因为自己独特的身份，主动去完成“100+1”的裂变。

第二，“100+1”后的一致性

因为物以类聚，人以群分，很多人的第一个连接节点都会保持着某个方面的一致性，比如，兴趣爱好相同的好友、生活习惯一致的亲人。在“100+1”的拉新策略中，因为 100 的纯粹性，1 的裂变也保持了一定程度的一致性。

第三，超级用户会主动维护运营

在归属感的作用下，超级用户会主动去发展并运营下级用户，修正发展链条中与企业价值观不一致的现象，保持用户纯度。

我的一个朋友做的是化妆品新品牌，他发展的原点用户中有几个是小红书上的 KOC，这几个 KOC 因为认同他的这款产品，经常会在小红书上推这款产品，也会在社群里主动介绍产品的性能和突出特色等，大大活跃了社群的气氛。当然，这种做法也帮助她们扩增了在小红书的粉丝量。

最让我这个朋友感动的是，有一次，一个用户收到产品后，因为产品包装出了点问题，便到群里反映了。她说的第一句话就是：“产品包装坏了。”话音一落，马上就有一个用户问道：“你什么意思？”第一个用户说：“和客服联系换了货，但是感觉不是我需要的产品。”第二个用户马上回道：“产品选择权在你，包装坏了，也给你换了，服务也很到位，你还在群里发牢骚，你是不是黑粉，故意过来捣乱的？”

我这个朋友看到群里有争吵，马上介入，经过沟通才弄明白，第一个用户其实想要一款升级产品，只不过话还没说完就被第二个用户给怼了。而第二个用户没有收到我朋友的任何利益激励，只是对这款产品的认同度特别高，她就是因为这款产品才开始在小红书做 KOC，接受不了任何关于这个品牌的坏话。

超级用户之所以能撬动企业的超级增长，不但是因为他们具有超级能量，还因为他们对品牌超级认可、超级忠诚，有超强的自驱力为企业做运营。在企业的增长链条中，超级用户将自己打造成品牌的卫士，站在节点处，通过一定的策略引爆品牌，并不断深化普通用户对品牌的良好印象，使品牌形象越来越深入人心。

第 4 章

如何驱动和运营你的超级用户

扫描二维码，
收看章节导读视频

超级用户是宝藏。要让超级用户为企业所用，企业必须要坚持几项基本原则。第一，用户至上就是顺应人性，驱动和运营超级用户背后所展现的逻辑都是人性的逻辑、欲望的逻辑。第二，驱动和运营超级用户不是要等到用户达到一定规模后才开展，而是随时要去挖掘并进行深度连接。第三，超级用户对于企业的价值和意义区别于普通用户，企业在运营资源和精力有限的前提下，需要筛选和寻找超级用户，并立足于超级用户的核心需求做运营。第四，超级用户在于质量而不在于数量，需要有人性化、精细化的运营方案。

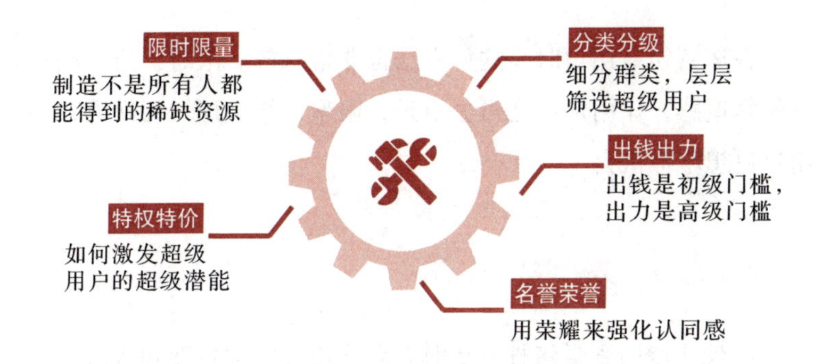

4.1 限时限量：制造不是所有人都能得到的稀缺资源

为什么名人画作在创作者离世后的价值更高？为什么一些限量版产品会导致用户疯抢？

经济学上有一个概念叫作“损失厌恶”，即人类对于获得和损失的敏感度是不同的，同样是100元钱，意外获得的喜悦完全抵不上意外损失的悲伤，因为损失是难以弥补的。营销界常使用“限时限量”的方式，制造一种不是所有人都能得到的稀缺资源的现象。这种方式能发挥最大的威力，让消费者难以拒绝，如图4-1所示。

图4-1 限时限量方法

在运营超级用户时，这种方法也非常有效。限时，给了用户时间紧迫感，让用户不会再去拖延；限量，给了用户稀缺感，让用户更想珍惜机会。

4.1.1 饱和攻击，收窄入口

在使用限时限量这种方法时，企业还可以配合饱和攻击。

（1）什么是饱和攻击

“饱和攻击”来自海上战术。为了让敌人无处可逃，采用水面舰艇、潜艇以及作战飞机等携载反舰导弹，来实现全方位、最大限度、最大密度、连续性地朝着同一个目标攻击，使对方毫无反抗能力，束手就擒。

饱和攻击也被引入传播和营销中。每个人都是有认知界限的，我们称之为认知苍穹。在信息碎片化时代，当某种产品、理念从某一个媒体传到消费者时，消费者的认知不会改变。但是当消费者所能接触到的大多数媒体都在传播这一产品、理念时，消费者的认知界限就会被成功突破，将该产品或者理念变成一种新的认知，并愿意接受该理念、消费该产品。这也被人们称为占据用户心智。

我在为红星美凯龙设计拉新策略时，设置了拉新场景，其中就加入了饱和式的宣传：在红星美凯龙商场周边小区、商家门店、社群朋友圈进行线上线下全面饱和式宣传；辅以饱和攻击，微信群一对一沟通；线下商场直接触达，电话销售，铺设线下专卖站台；周边及住宅小区地推等。

饱和式攻击要保证的就是消费者在哪里，我们的投放就在哪里，即最大限度地在不同场景、不同点位上实现受众的精准覆盖。

（2）不给竞争对手留机会

在私域时代，所有企业都从争抢流量转向争抢超级用户。企业拥有时间窗口时，即拥有先发优势时，一定要使用饱和攻击，覆盖所有超级用户，避免竞争对手后发制人。

赶集网和58同城合并之前，曾进行过一场近身肉搏。赶集网创始人杨浩涌曾用1亿元宣传费来攻城略地，只是在取得一定成绩后就放手了。58同城一缓过来就发动了新的反攻，让杨浩涌措手不及。因此，他做瓜子二手车时，就实行饱和式攻击，不给竞争对手留任何机会。

同样，在争抢超级用户的时间窗口时，只有比对手跑得更快、更早，更全面地触达超级用户，企业才能有更好的战斗力。

以经营一家宠物门店为例，如果进行引流，其除了门店、社区等线下场景活动，还可有朋友圈引流、新美大（美团和大众点评）引流、抖音引流、KOL引流等。除此之外，平时的运营还包括个人微信、企业微信、社群、公众号、视频号、小程序、私域直播等多个平台布局。这些是引流的窗口，也是促活转化的最好方式。

饱和攻击可以用在任何运营环节，尽可能让品牌更深、更广地触达超级用户，吸引超级用户长期关注品牌信息。

（3）收窄入口

收窄入口就是限时限量，可享受福利的人数有限。

2020年上半年，受疫情影响，航空业营收几乎腰斩，几大航空公司都有不同程度的亏损。下半年，疫情控制形势向好，东航马上推出了“周末随心飞”套票，消费者只需要花费3322元，就可在2020年内的任意周末，随心乘坐东航和上航航班，到国内除港澳台地区的任意大城市。“周末随心飞”是东航提前锁定消费者、补充现金流的一种方式，但因为优惠幅度大，东航采取的是限量发售的模式，收窄入口，大大刺激了用户的购买欲望。“周末随心飞”套票在推出的第一个周末，就售出了 10 万份。

限量发售、收窄入口的措施营造了稀缺感，让用户产生“这么好的福利，如果不能抢先占有就失去机会”的紧迫感，加快了用户的决策时间。

收窄入口是商家最常用的促销方式，比如秒杀、限量供应。

混沌大学的首页上经常会有秒杀课程，这些课程质量非常高，放在付费课程里也很抢手。混沌大学将其纳入秒杀课程，就是要驱动长期关注混沌大学的超级用户复购和转介绍。超级用户将既免费又好的课程转发给亲友，获得了社交收益，而企业通过超级用户的动作提高了复购率和拉新率。秒杀课程不定期进行更换，这就使得超级用户关注混沌大学的时间更长，黏性更高。

最近几年，消费者在“618”和“双 11”这两大购物节频频上演剁手的戏码，限时限量的促销刺激，就是其中一个重要原因。需要注意的是，限时限量发售是企业对消费者的一个福利举措，而不是收割韭菜的行动计划。

很多企业在“双 11”期间提前涨价再打折，导致消费者用促销价买了比平时买还贵的商品，体验感糟糕至极。这其中必然也会有超级用户。这种行为大大破坏了超级用户对企业的好感度。企业拥有定价权、能自由制订促销计划，但不意味着企业可以糊弄消费者。

消费者是企业的重要资产，超级用户更是企业的核心资产。与超级用户建立长期关系，是企业稳定发展的重要前提条件。所有的商业营销策略只是在激发超级用户的需求，满足超级用户的需求，而不是诱惑超级用户，“猎杀”超级用户。

4.1.2 设置门槛，遴选超级用户

相对普通用户来说，超级用户通常都是“有身份”的人。这不但指他们本人在自己领域中的社交地位，还指企业在与超级用户合作时，会赋予超级用户一定的身份，使他们产生尊享感，提高品牌黏性。企业可以通过设置门槛来遴选超级用户，赋予超级用户尊贵的身份（见图 4-2）。

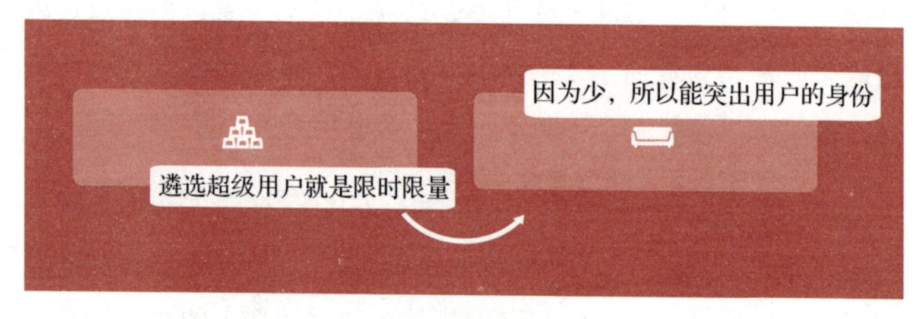

图 4-2 设置门槛的方法

（1）遴选超级用户就是限时限量

通过招募合伙人的方式获得增长是一种新的商业模式。企业会通过线上、线下全渠道将信息散播出去，全面触达终极目标用户，然后在用户报名后，通过面试、遴选、培训等方式，有时候还会添加竞赛环节，来选拔最合适的超级用户。

我在黑马会招募第一批会员时，分析了基本盘，发现能够触达的用户量在 300 万左右。我们以老牛（黑马会创始人牛文文）的口吻，在他的微博、微信、公众号，以及我们所有的微信群，甚至员工的朋友圈进行饱和式攻击。但收口收得很窄，只招募 500 个会员。

通过限时限量加入的天使用户，有一种被宠的感觉。入座会第一批会员也是这个操作逻辑。我的私域流量有 2 万多，入座会最初招募天使会员 1000 个。但在第一阶段，限时限量只招募 500 人，每个会员都有一个标签，同时公示出来。"限时限量"突出的是稀缺性，让用户认可这个身份，价值溢出也被放大了。

使用这种方式可突出机会的稀缺性、权益的稀缺感。这种庄重的仪式对超级用户也是一种尊重，获胜后的自豪感和荣誉感会非常强，也获得了用户对于这个身份的认可，用户价值溢出被放大了。

企业做限时限量活动时，一定要时时公示还有多少名额，还有多少时间，使用户产生紧迫感。再独特的用户也会有从众心理，名额越少，潜在的竞争者可能会越多，促使用户快速决策、快速行动。

对于企业来说，寻求与超级用户合作，企业是乙方角色。但是使用限时限量的招募方式进行冷启动，加入企业的第一批天使用户就会有一种被宠、被命中的幸运感觉。大量有需求的人积极参与，形成竞争氛围，反而让企业变成了甲方角色。

这里需要注意：技巧很容易学，但技巧背后深厚的内涵才最难把握。同样是饱和攻击、限时限量，只有满足超级用户心中的需求，才更有效。超级用户是一种自动自发意义上的存在，我们要摸透其脉搏，找到其欲望所在，以人性化为底蕴，使用运营技巧，让超级用户形成自我驱动。

（2）因为少，所以能突出用户的身份

很多品牌在创立之初就限定用户的层级，在推出新产品时，同样会使用限量级的策略。对于用户来说，限量级本身就是一种尊贵的身份说明：用户买的不光是产品，还有这种尊贵的身份。

以奢侈品为例，其销售渠道的超级用户不追求数量，而追求获利能力。与之保持一致性的是，产品设计也不追求快速更新迭代，产品的款式也没有流行之说。其价值理念就是尊贵感、保值增值能力。做奢侈品的超级用户对身份的尊荣感的需求会格外强烈，而在裂变时，发展的速度慢，裂变的数量极少。限量使超级用户的纯度更高。

限时限量遴选超级用户，本身就是对超级用户尊贵身份的一种肯定，这会突出他们的额外价值；同时，企业又能帮他们做好原来就想做却做不好的事情，他们自然会竭力参与竞争，并在成为天使用户后，主动为企业出钱出力。

其实，限量招募超级用户不但是对超级用户的选择，也是企业的一种自我检验，即我们常说的保持初心。超级用户通常是独立的资源体，有自己的追求和奋斗方向。在纷繁复杂的商业环境中，企业的价值观、产品理念如果有所偏离，就会失去这些超级用户，也就失去了存在的初始价值。

通过限时限量来驱动超级用户，从物质方面制造利益的稀缺感，从精神方面打造超级用户的尊贵感，不管怎样，一定要让超级用户有所图、有所得，才能让他们为之所动、为你所用。

4.2　分类分级：细分群类，层层筛选超级用户

在运营中，我们经常会说为“用户贴标签”，这就是对用户分类。招商加盟客户会有一级、二级之分，这就是分级。

企业根据用户资料和后台数据，详细描述超级用户有什么、做了什么、欲望是什么，据此创建细分群类，为其打标签，然后分级进行精细化运营，有针对性地提供服务，使超级用户实现自我价值最大化。

同时，对于企业来说，用户维护是一项复杂的工程。企业不可能对所有超级用户都付出同样的时间和精力。只有分类分级，层层赋能，才会让每个用户都得到更好的服务。对于企业和超级用户来说，分类分级是一种双赢的运营方法。

4.2.1　超级用户分类分级的“道”

在熟知方法之前，我们还需要了解超级用户分类分级的“道”。

（1）为什么要分类分级

对超级用户分类分级主要有以下几个原因。

第一，让资源分配效能更高

企业资源有限，不可能对所有超级用户进行同样的资源支

持，即使企业有丰富的资源，也不能对超级用户一概而论。因为超级用户的资源、能量、特色不同，需求不同，行为不同，对企业的贡献价值方向和价值总值也不同。只有把对的人放在对的位置，给予对的赋能，才能事半功倍，实现用 1 撬动 10。

第二，下放权力，发挥超级用户的能动性

驱动超级用户为企业服务，需要给予他们一定的身份、权力或者荣耀等精神激励，让他们做管理者，这样，超级用户才能转变视角，从单纯的用户角度变成与企业一体的角度，对企业有超强的归属感和较高的忠诚度，主动积极地去维护企业品牌形象，自动自发地为企业服务。

第三，有针对性地运营，避开超级用户反感区

超级用户比普通用户的需求点更多。对超级用户进行分类分级，有助于需求清晰化。需求清晰化有助于企业在运营内容、工具、策略方面避开用户的反感区，做到只为最有需要的人，在其最需要的时候，提供让他最满意的服务。

（2）超级用户有生命周期

一般来说，运营包括流量建设和用户维系。流量建设就是吸引超级用户进来，和企业形成共同体；用户维系就是将超级用户作为有生命周期的物种，对其进行全时间段（即从进入到流出这个时间段）的维护。

超级用户有两种价值：一种是规模价值，另一种是个体贡献价值。这两种价值对应的是企业的获客和留存。当企业资金有限

时，提升个体贡献机制就变得格外重要，因此，企业要尽可能延长超级用户的生命周期。

用户分级的前提是其有生命周期。一般来说，用户生命周期包括引入期、成长期、成熟期、休眠期、流失期。当所有企业都将超级用户作为人力资源时，其被争抢的概率就会大幅提高，忠诚度也就逐渐降低。因此，企业需要对超级用户进行生命周期管理。

企业对超级用户分级，不但要考虑超级用户常规的参与度和贡献值，还要加入生命周期阶段这个元素。

以休眠期的超级用户为例，如果企业只按照活跃度、贡献值等指标进行分级，对这几项指标偏低的超级用户采取促活运营（如发红包等）未必有效，因为他们还有一个标签是休眠期，有很高的历史贡献值。运营这样的超级用户，企业还需要弄清其为什么从历史高值下滑，是企业的产品理念走偏了，还是竞争对手加大了争抢力度。根据不同的原因对症下药，如果企业方向错，则企业进行修正，如果超级用户利益不够，则企业补足利益，这样才能延长超级用户的生命周期。

因为引入期就是分级期，不同的阶段包含在分级运营的模式里，所以企业常常会忽略超级用户的生命周期。超级用户是超级有资源、超级认可企业的人，值得企业为其做更精细化的管理。

（3）不同的目标下分类分级指标不同

企业在不同的运营目标下，选择的超级用户类别不同，分类分级的方式也就不同，如图 4-3 所示。

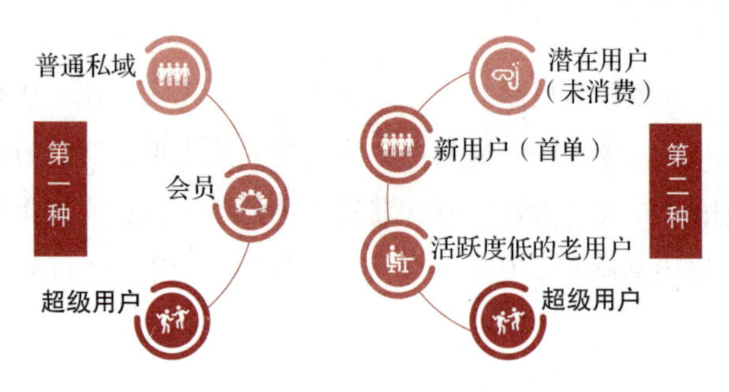

图 4-3　超级用户分类分级法

比如，在拉新目标下，企业根据超级用户身份进行分类，分为传统的代理商、微商、KOL、KOC 等；对不同类别的超级用户分级的依据是社交裂变能力，能力最强的超级用户级别最高，企业为其赋能最大。

再如，在搭建渠道目标下，企业根据超级用户所在渠道进行分类，分为各类新媒体平台的博主等；对不同类别的超级用户分级的依据是渠道占有率。衡量代理商能力的指标有销售额和用户覆盖量，而衡量新媒体博主渠道占用率的指标可能有粉丝量、粉丝增量等。

又如，在复购目标下，企业能选择的超级用户类别主要有超级会员、KOC 群主等；对他们进行分级的依据是复购率。大多数会员体系以复购能力作为主要的分级依据。

分类分级是手段，背后的目的才是重要的。企业的运营是持续的，因此，没有一劳永逸的分类分级。企业要根据阶段性的任务，对不同类型的超级用户，实行不同的分级管理。另外，对用户分类分级时，企业掌握的用户信息必须全面而具体，而且要真正地站在用户的角度，以不打扰为原则，以满足需求为目标，搭建长期的连接关系。

4.2.2　超级用户分类的方法

对超级用户进行分类，是对超级用户进行横向划分，是对角色、性质等方面的描述。

（1）最简单的分类：分清目标用户和资源用户

一般来说，在超级用户分类方面，企业要分出目标用户和资源用户。所谓目标用户，就是直接消费者；所谓资源用户，就是可以和企业共享资源、扩大消费用户规模和增加企业利润的人。比如，小红书的 KOC 就属于资源用户，他们在复购方面的贡献可能不如在拉新方面的贡献大。

（2）根据超级用户在产品中承担的角色的差异进行分类

对于同一款产品，不同的超级用户承担着不同的角色。

比如，对于电商平台来说，超级用户有 B 端和 C 端两种类型。他们对平台的需求和能为平台贡献的价值方向完全不同。

再如，同样是为企业贡献内容，有的是 PGC，即专业生产内容；有的是 UGC，即用户原创内容；有的则是 OGC，即以生产内容为职业。这三者既有区别又有融合，区别是 PGC 用户输出的是知识类型的内容；UGC 用户输出的多是传播推广、自我表达的内容，比如猫眼的用户；OGC 用户输出的内容更复杂多元。

（3）根据超级用户的行为差异进行分类

针对同一款产品，超级用户的消费行为是不同的。企业可以通过后台消费数据，对超级用户进行分类。比如按使用方式不同分类，有的用户是注册用户，有的则是下载用户；按用户活跃程度不同分类，超级用户可以分为活跃和不活跃两类。

（4）根据超级用户在生产运营中的不同环节进行分类

企业生产运营分为多个阶段，如产品设计、生产、营销、投放、迭代等。企业在不同的环节可以引入超级用户资源，比如，小米将超级用户引入了产品设计和营销等多个环节。不同的环节有不同的战略目标，根据环节对超级用户进行分类，发挥超级用户的作用，有助于企业更好地实现战略目标。

当然，不同的行业、不同的企业对超级用户分类的标准和模式也会不同。企业要根据自己的战略目标，有针对性地对超级用户进行分类。

4.2.3 超级用户分级的方法

分类的作用是区分超级用户对企业贡献价值的方向，而分级则是区分超级用户的贡献度。

超级用户分级方法大多是金字塔式。企业通过层层筛选，找到最优质、最认可企业的那群用户，对其进行针对性的服务。

目前，市场上常见的分级方法有两种：第一种分级方法为普通私域→会员→超级用户。第二种分级方法为潜在用户（未消费）→新用户（首单）→活跃度低的老用户→超级用户。但具体到企业，还需要根据自己的实际情况进行更精细化、更有针对性的分级。这里推荐一种普通实用的方法——RFM 分级法。

RFM 是 3 个指标的缩写，分别是：最近 1 次消费时间间隔（R）、消费频率（F）、消费金额（M）。其中，R 值越小，用户价值越高；F 值越大，用户价值越高；M 值越大，用户价值越高。根据 RFM 分级法，可以将用户分为 8 级，具体分级及精细化运营方法如表 4-1 所示。

表 4-1　超级用户分级及精细化运营方法

最近一次消费时间间隔（R）	消费频率（F）	消费金额（M）	用户分级	精细化运营方法
高	高	高	重要价值用户	VIP 服务
高	低	高	重要发展用户	想办法提高消费频率
低	高	高	重要保持用户	主动联系
低	低	高	重要挽留用户	分析哪里出了问题
高	高	低	一般价值用户	挖掘深层次需求
高	低	低	一般发展用户	挖掘深层次需求
低	高	低	一般保持用户	定期朋友圈互动
低	低	低	一般挽留用户	定期朋友圈互动

4.2.4　常见的分类分级模式

下面分享几个市场上常见的超级用户分类分级模式。

（1）微商、加盟商的分类分级

私域体系玩得最好的是微商。微商的第一批用户都是从身边的朋友、同学等发展来的。对于最初的用户，微商会花大量时间去沟通，做情感连接，秉持大家一起赚钱、一起享受快乐生活的态度，同时层层赋能。

一般来说，微商分 2 级：第一级，自用分享者 VIP；第二级，专业的微商代理。在这一级实行全员分销，给予成员 15% ～ 20% 的分成，分销者建立自己的组织，并裂变该组织。等级不同，权益不同，这是微商挖掘用户价值的终极奥秘。图 4-4 所示是入座会会员林芳芳创立的品牌小怪兽的前台分级。

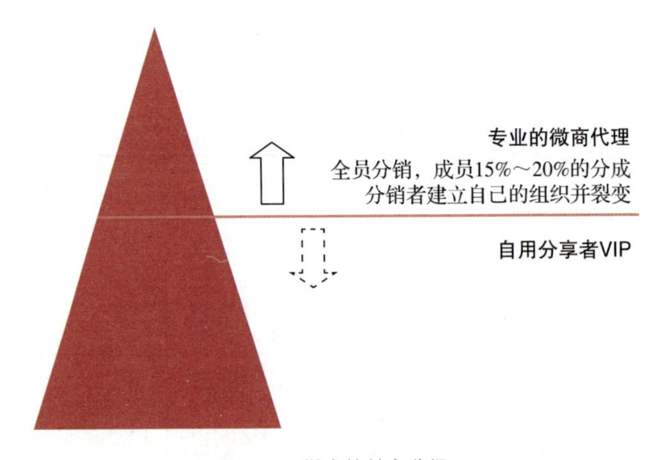

图 4-4　微商的前台分级

分类分级的基础是原点用户，即先找到最懂企业的那部分用户，先共情。不管用户最初是因何而来，从哪里（触达点）来，先要认同你的价值观，坚信你的产品或者服务是有价值的。

除了微商，很多加盟商的发展也是从核心用户里找到的，因为他们高度认同产品并且看好市场前景。

“肆拾玖坊”的分类分级：第一级是想喝好酒并愿意分享的人，通过分享可以扩展社交圈；第二级是想通过投资好酒赚钱的人。

这种分级方式非常精准地覆盖了自己的目标用户，使用户始终与企业保持一致的价值观、产品理念、生活态度。

（2）会员体系中的分类分级

很多企业会使用会员体系来帮助实现用户分类分级。航空、银行、电信、移动等特殊电商，商超、酒店、餐饮、美发等连锁实体店，内容电商、传统电商、社交电商、短视频直播电商等，都已经开始采用会员体系，根据用户数据确定用户的层级，予以不同强度的奖励与回馈，进而增强用户黏性，提高用户忠诚度。

京东的京享值，就是一种分类分级运营用户的评估体系。京东根据用户行为，将其价值分为消费价值、活跃价值、账户价值、信誉价值、小白信用 5 个维度。

- 消费价值包含用户消费金额、频次、偏好品类等。
- 活跃价值包含用户 App 打开率、评价晒单、问答、分享商品等一系列用户非购买行为。
- 账户价值包含用户信息完善、绑定社交信息、实名认证等。
- 信誉价值包含用户风控、售后等。
- 小白信用则是用户使用京东金融类产品后的信用认定。

京享值是滚动计算的，即将用户近一年的行为纳入评估范围。设立有效期，可增强用户的活跃度。

在京东看来，京享值高的用户具备高活跃、高贡献、低风险 3 个特性，是非常优质的用户。据统计，其消费贡献度是普通用户的数倍至十几倍不等。

根据用户的消费行为进行分级，一方面有利于企业找到复购率最高的那部分高价值超级用户，另一方面可以使用户愿意留存在企业里，完成更高的升级。

其实不管怎样对超级用户进行分类分级，其目的都是精细化管理，让企业和超级用户同频，互相赋能，并实现价值最大化。

4.3 特权特价：如何激发超级用户的超级潜能

人人都想要占据独特资源，并且不希望别人拥有，这是特权特价驱动的人性心理表现。越是充满理想抱负、对自己越自信的人，特权对其驱动力就会越大。而付出越多，享受特价的信息需求也就越大（见图 4-5）。

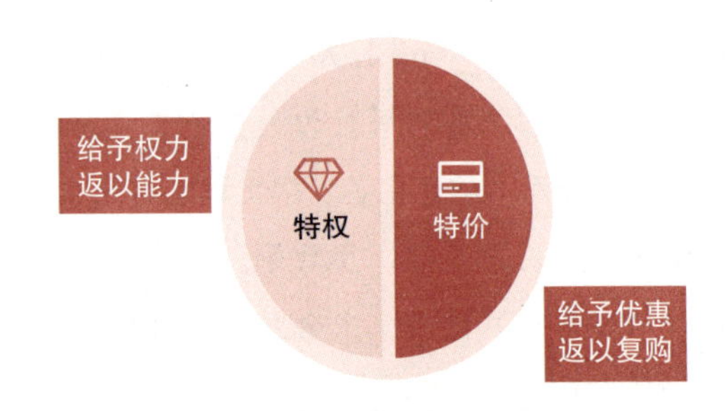

图 4-5 特权特价的驱动力

4.3.1　特权驱动：给予权力，返以能力

新的商业模式改变了很多物质的价值，比如闲置物品，通过共享可以获得额外的收益价值；新的商业模式也让人的价值得到了重置，比如人的时间就是价值，内容电商通过占据用户的时间来占有用户。超级用户有很多我们无法捉摸、无法衡量的潜能，因此给予特权，等于给了他们自我发掘的机会和力量。

（1）年轻人能力无限

华为管理层对这一点认识得特别透彻。他们认为：员工不仅是为钱而来，也是为权而来，当然，他们也有自己的理想和价值观，钱、权和理想三者是不可分的。因此，华为在管理上做到了充分的权力释放。哪怕是刚进企业不久的年轻人，也有资格握有某项权力。

华为对权力诉求的认识非常先进。其权力管理模型已经成为企业管理的典范，对挖掘、发展超级用户同样适用。企业能满足超级用户的权力感、成就欲和尊享感，就会实现众人拾柴火焰高的目标诉求。

小米起步时参与设计和营销的那些发烧友就是小米的超级用户。小米为了回报他们，给予他们享受 F 码的特权。对于喜欢小米手机的用户来说，F 码极具尊享感，以至于网络上一度有人高价购买 F 码。

当代年轻人已经成为主要消费群体，这是一个非常特殊的创业群体，也是产生超级用户数量最多的群体。这个群体与传统时

代的人们的最大不同，就是对特权的需求，他们的掌控欲、权力欲，从广度和强度来说，都远超前人。不管是进行商业运营，还是寻找超级用户，特权驱动非常适合这类人群。

（2）最贴近用户的人最需要特权

最贴近用户的人，能直接感受用户的情绪。他们拥有特权时会一步到位去满足用户的需求。超级用户就是直接联系企业和用户的人。他们是一线操盘手，是最先听见炮火的人。

经营餐饮业的店主都喜欢让KOC[⊖]探店。KOC是在自己经营的内容平台发布内容，他们有自己设定的主题，并以此确定拍摄内容、节奏等。为了更好地进行宣传，店主还会给予KOC进入后厨探秘的特权，以及设计与店铺有关的小故事的特权。

不同的超级用户所需要的特权不同，企业要利用超级用户的资源，就要给予超级用户一定的特权，并利用合适的机制把控可能存在的问题，和超级用户合作，打造真正满足用户的产品或服务。

（3）城市合伙人拥有地域特权

在新的商业模式下，招募城市合伙人是一种常见的发展超级用户的方式。其驱动力就是特权特价。超级用户以城市为独特资源，享有在地域城市唯一的运营权力，比如阿里巴巴、美团充电宝业务、樊登读书会等，都是通过招募城市合伙人的方式开拓市场，即合伙人拿下城市独代后再拓展商户，从而获得收益。

⊖ KOC，全称为Key Opinion Consumer，指关键意见领袖。

非正式编制的城市合伙人一般有两种合作模式：一种是无成本式合作模式，另一种是保证金式合作模式。无成本式合作是合伙人整合货品资源、品牌资源、地域资源、渠道资源、物流资源等，和企业达成合作，企业为合伙人支付佣金，合伙人拥有特权，可以在合作中发展自己的主业。阿里巴巴就采用这种合伙人模式。

企业最常用的还是保证金式合作模式，即合伙人与企业合作需要先支付一笔加盟保证金，一般包括入伙费、品牌保证金和平台管理费，企业负责输出标准化流程，包括产品和管理，合伙人负责提供资源和团队。

传统的加盟模式是合伙人自负盈亏，而且赚得越多，企业抽成越多。在保证金式合作模式下，企业不会直接参与合伙人的管理，合伙人在自己的区域内享有人权、事权和财权，双方共同经营品牌，按协议进行收益分红。企业统筹全国合伙人，不断总结和复制最好的经营管理经验，来帮助各个区域的合伙人实现更好的经营战略。

保证金式合作模式对企业的拉新意义非常大。这些合伙人在全国各地积极拓展，不断开店，实际在帮企业拉新和运营用户，各自都获得收益，同时也各自承担风险。

不同类别的合伙人所需要的特权不同，有的可能需要身份特权，有的则需要选购特权，还有的需要探秘特权。企业可以根据自己的战略目标、合伙人所能发挥的价值作用，积极满足其特权需求，驱动他们自主服务企业。

4.3.2 特价驱动：给予优惠，返以复购

在特权驱动中通常会辅以特价，只有核心用户才能享受到特权特价。

（1）特价要让用户感觉到超值

特权给予用户的是一种独特的身份，会让人去主动挖掘潜能、彰显自我价值；而特价越让用户感觉超值，则越容易刺激用户持续复购。

以天猫88VIP会员为例，它就是针对淘气值超过1000的用户给予的特权特价，即该类用户只要88元就可开通VIP会员。淘气值低于1000的用户也可以开通，但要付888元。成为88VIP会员会享受很多权益，其中包括大量商品都是9.5折，一年内消费2000元就可以赚回开通VIP会员的费用。如果赶上活动，如“双11”或者春节期间，用户一个月就能回本。因此，在这些活动期间，用户的活跃度也是最高的。

大多数企业为了让用户直接感受到特价，还会直接显示某笔订单使用会员卡省下多少钱，让用户产生赚到了的感觉。

以京东Plus会员为例，一个10年老用户在一次购物后，收到了平台的一条推送，内容是：根据您上一年的消费记录，如果您加入Plus会员，能节省5100元。这是一条经典的让人欲罢不能的推送内容，明确、具体、直达用户的心理。用户自然想要了解更多，于是进入详情页。

在详情页，京东将该用户上一年的消费清单做了两个表格，

对比普通用户和 Plus 会员之间的价差——一项项记录下来，合计 5100 元，而成为 Plus 会员只需要花 168 元。这样的对比冲击感很强烈，用 168 元省 5100 元，何乐而不为呢？

用户马上就去升级，随手还下单买了几样物品，并将链接推荐给了自己的亲友——几位用过京东的用户。

特价的原理，就是让用户觉得买得越多，赚得越多。对于用户来说，买到什么不重要，赚到什么才更让人满足。

（2）异业联盟

为了给予用户更多的特权特价，企业大多会采取异业联盟的模式。

还以 88VIP 为例，其异业联盟包括以下几种：优酷会员，用户直接绑定优酷账户，享受一年期免费看视频的优惠；虾米 SVIP 会员，用户能下载 500 首付费歌曲；淘票票全国年卡，用户每月可以享受 4 张订票优惠，每张票在原有优惠基础上再减 4 元；此外，还有饿了么会员卡、飞猪环球卡、爱康国宾体检卡。

异业联盟连接了更多企业，共同为用户创造利益空间。超级用户得到的权益越多，就越愿意玩特权特价。

4.3.3　特权特价的玩法规则

不同的行业、不同类别的用户有不同的玩法。一般来说，特权特价有以下几种玩法规则（见图 4-6）。

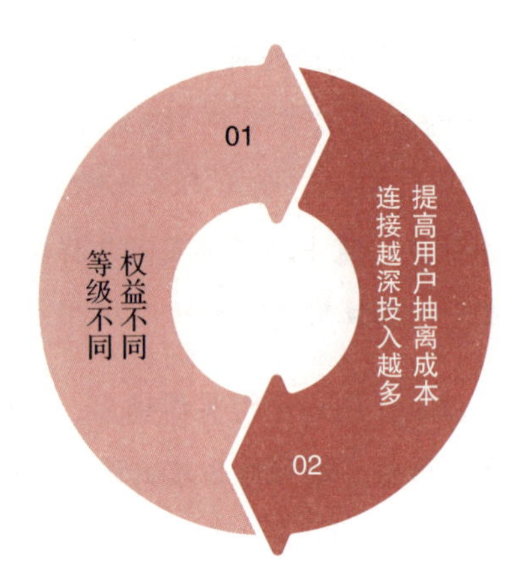

图 4-6　特权特价的玩法规则

（1）等级不同，权益不同

对超级用户进行特权特价驱动，企业还需要进行分类分级管理、精细化运营，即对于不同层级的用户，需要配合不同的权益。用户的忠诚度越高，享受的权益越多，越能提高运营的积极性，延长生命周期，为企业拉新、促活贡献活力，使企业运营形成良性循环。

蔚来采用积分制搭建了一个“用户成长体系”——用户可以通过购买、转介绍、在 App 上发帖、在车展上做志愿者等多种方式与蔚来建立连接。每一种连接都可获得一定的蔚来值。随着用户与蔚来连接的不断深入，用户的等级也在不断提升。每一种等级在购车时获得的积分也不同。

所有拥有蔚来值的用户都可以参与蔚来多种运营活动的投票。这些运营活动包括 NIO Day（蔚来的年度盛会）的举办城市、相关用户规则，以及《蔚来用户信托章程》条款和用户理事人选等的投票。其中,《蔚来用户信托章程》是创始人李斌拿出自己的 5000 万股创立的用户信托,用户拥有这些股票的收益处分权。在投票过程中,用户拥有多少蔚来值就可以投多少票。

蔚来值越高,用户享受的权益也就越多。达到一定蔚来值的用户可以加入用户俱乐部,享受新车驾驶体验、FE 赛车观赛、海外游学、大咖分享等多种权益。

为什么游戏里升级打怪那么让人痴迷?在心理学上,相对于长远的收获,人们更愿意做只要动动手、跳跳脚就能够得到奖励的事情。虽然只是一个很小的自我实现,但对人有很大的激励作用。生活充满了那么多的变数,步步登高更多时候只是一种假想的祝福。人们想要在生活中、职场里实现步步升级,很不容易。而简单的升级打怪却满足了人们向上的心理欲望。

等级权益模式正是利用了人性的这一特点,给予超级用户一种可控的自我实现的路径,让用户只做出一小步努力,就可以获得一个让人惊喜的升级结果,触发了用户主动升级的行为,再配合特权驱动力,可极大地刺激超级用户完成裂变增长。

(2)连接越深投入越多,提高用户抽离成本

我们经常看到这样的情况,一对恋人即使生活理念背道而驰,也多半不愿意分手,如果你问其中的原因,他们会说已经付出了那么多,怎么能轻易放手。这种现象在心理学上有一个词,叫抽离成本。所谓抽离成本,就是离开某个组织或者脱离某个事件的成本,包括所付出的精力、时间以及资源。在恋爱中,付出越多的人,越难以放手,就是因为抽离成本太高。

同样，一个享受了企业过多权益，并因为享受到权益而对企业投入很多的超级用户，其抽离成本也会很高，留存概率也就很大。因此，用特级权益为用户赋能，可以让企业与超级用户之间的连接更加密切。

我在录制《创业中国人》时，认识了豪车毒的创始人纪文华。他向我展示了一张卡片，让我非常震惊。这张卡片是这家公司给在平台上购买二手豪车的用户的权益卡，上面林林总总列出了26项权益。比如：免费为办公室提供卫生护理；免费给家和办公室换鲜花；免费提供客户出行、出差的商务用车；聚会中免费提供拍照服务，拍完免费制作影集并免费送到家等。

以上权益如何获取？当你成为豪车毒的老用户并且为豪车毒推荐新用户时，你就变成了具有SVIP身份的超级用户，同时会获得这26项权益。其实，这个推荐场景很自然。用户对自己喜欢的产品，自然会愿意主动推荐给别人。同时，因为有这么多有温度的服务，用户把它推荐给身边有买豪车需求的朋友的动力也就更强。当你身边的人因为自己的推荐而成为豪车毒的用户时，你就很难再抽离出来，再使用竞品了。

我们经常看到代言的明星在不同场合为代言的产品发声，而且从形象、行为上都要与代言产品形成一致的气质。这其实就是一种深度连接。

总之，超级用户是一种尚未开采的资源。他们到底有多大的价值，到底能为企业贡献什么资源，在用户资料上难以体现出来。企业通过特权特价这种激励模式，可以深度挖掘超级用户的价值，帮助其实现自我的同时，也为自身谋取利润增长空间。

4.4　出钱出力：出钱是初级门槛，出力是高级门槛

企业需要用户贡献的价值无非两个方面：一个是出钱，另一个是出力。

4.4.1　出钱容易出力难

现在的企业之所以会大力发展会员体系，就是要使 20% 的优质用户贡献 80% 的业绩。这就是超级用户思维。

尼尔森市场研究机构通过研究发现：超级用户的购买力大约是普通用户的 5 ～ 10 倍；一个企业每增加 1% 的超级用户，一般会带来 10% ～ 15% 的普通用户数量增长、20% ～ 25% 的销售额增长。

对于用户来说，出钱更容易，因为出钱能买到产品，满足自己的消费需求；而出力需要耗费时间、精力、资源等，是不可估量的投入，在对企业没有感情前，让超级用户出力很难。

但对于企业来说，超级用户出的钱只是利润的一小步；只有超级用户为企业贡献人力、财力以及各种资源连接，才能使企业获得巨大的利润增长。因此，很多企业在设置会员权益时会设定门槛，会员付费只能算是初级门槛，只有参与企业的生产运营，才能算是和企业同心，也才能获得更高的特权、更多的权益。这就是“出钱出力”的运营技巧。

以云集网为例，用户支付 365 元就可以成为店长会员，享受诸多商品的折扣权益。但会员想要升级，就必须达到规定的分享数量要求。会员升级后的权益是可以获得返佣提成。会员级别越

高，权益也就越多。

凡是有门槛的世界，都会让人产生好奇，并产生进去看一看的欲望。设定门槛就是利用超级用户的这种心理，让其自我突破，主动与企业进行连接。而对于钱所不能突破的门槛，又营造出一种小圈子的特殊味道，增强了用户去探索的欲望和动力。

超级会员是企业的分身。如果把金钱利益当作首要驱动力，超级用户形成的小组织就会地基不牢，特别是在预算有限的情况下，因为人性的欲望会让自己越来越不满足。同时，因为金钱而来的用户，也会因为金钱而走。留不住人，也就留不住资源。

出钱出力本身是一种运营技巧，但要让用户出钱出力，企业需要主动做更多的改变，付出更大的诚意，使用更多的运营方法，和超级用户做更深度的连接。

4.4.2 如何让用户出钱

以前，消费者购买产品看重的是产品功能，所以广告重在突出产品的质量和功能。但现在“00 后”已经成了消费的主体，他们是互联网原住民，接受过各种营销教育，购物习惯变得更加多样，也更加刁钻，因此让用户付费也就变得更加困难。图 4-7 列出了几种让用户出钱的方法。

（1）价值观共鸣

不论什么行业，企业在启动阶段都要对用户做强价值观和认同感输出。

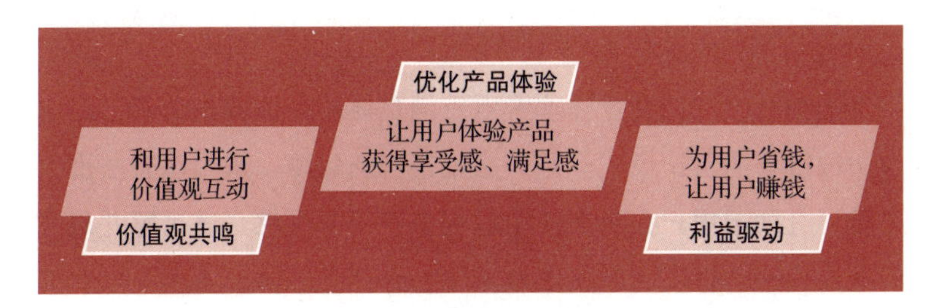

图 4-7 如何让用户出钱

电商在 10 年前是独立的行业，现在是企业标配的销售渠道；社群在 5 年前是电商行业的一种运营技巧，现在是企业标配的私域。进入私域时代，企业需要更多地和用户做连接，但是媒体众多、信息爆炸、渠道丰富、万物互联，用户时间却有限，因此只有通过价值观共鸣，企业才能获得用户的青睐，也才能与用户建立起连接。

以少儿教育为例，很多企业都是通过宝妈获取新用户的。宝妈就是种子用户。她们有两大需求：一是精心育儿，二是自我价值实现。当企业的价值观与宝妈的精心育儿需求一致时，宝妈就愿意在这里花钱购物；当企业的价值观还覆盖了宝妈的另一个需求，即自我价值实现时，宝妈还会出力，为企业做转介绍，吸引身边更多的宝妈来购物。

价值观共鸣是和用户建立初步连接的基本要素。价值观共鸣可以让用户认同企业的品牌形象。而且企业在推出具体的产品时，同样需要进行价值观连接，以确保自己解决的是用户的痛点。所以，价值观共鸣是一个持续的过程。持续的共鸣能确保企业和用户之间情感的深度连接。

（2）优化产品体验

当前社会的消费主体非常看重消费体验。体验式消费已经成为一种重要的营销模式。好产品是销售的保障。采用体验法推出产品，有助于用户在免费使用过程中获得享受感、满足感并最终形成依赖感，将使用产品作为一种生活习惯。

优化产品体验时，企业需要做好综合分析，一般来说，可以分为以下几步。

第一，体验前的准备要素分析

首先准备的是市场分析，确定行业状况、相关业务状态、产品数据和市场占比等；其次准备的是体验环境分析，确定使用什么设备、怎么操作、体验的时间；最后准备产品介绍。

第二，体验中用户和产品的分析

首先要进行用户群体和需求分析，即我们常说的用户画像。其次描绘用户故事，进行场景分析。最后进行产品功能结构梳理、功能模块检验，尤其要突出特色功能分析。

第三，竞品分析

竞品要包含直接竞品和间接竞品。企业要进行竞品基本要素对比，确保自己的产品更具特色，更能解决用户的痛点。

（3）利益驱动

任正非说，一个企业的经营机制实质上是一个利益驱动机制。其实，任何商业运营中，利益驱动都是必不可少的驱动力。

企业只要能为用户省钱，让用户赚钱、获得额外的收益，就能吸引用户。

以美容院为例，其业绩主要由用户数、下单价和客单价 3 部分组成。很多美容院拉新和成交欲望太明显，客单价也会定得很高，反而不利于提高业绩。对于新用户来说，美容院过早释放销售欲望，会束缚用户的想象力，降低用户对产品和服务的理解力与亲和力；对于老用户来说，美容院提前释放成交信号、提高客单价，会给用户造成特别不好的体验，影响成交。

其实，最好的方式就是给予利益驱动。比如，给新用户赠送护肤试用品，第一次消费享受一定的折扣价；对储值达到某个级别的超级用户，返一定数值的代金券，且代金券没有消费门槛，还可以给朋友使用；对于在一定时间内消费达到某个级别的用户，赠送一款经典品牌的美容护肤品……

这些利益驱动可以有效促进拉新、复购。

传统社会对商业的理解通常为：赚钱不容易，没头脑不经商。我们在电视剧里看到的晋商、徽商、浙商，哪个不是有三国的心智，有水浒的勇猛；打造一个商业帝国，需要多少非凡的精英费尽心机，集腋成裘。但在当前的商业环境下，高度发展的科技、全新的商业模式、多维的赚钱思路，可以让更多人参与到商业运营中。

对于大企业来说，越能调动更多的人加入企业运营，就越能让企业获得更快、更好的发展，所以，精通商业运营的人开始为普通人设置更多的“傻瓜”式赚钱模式，省却思考的成本和运营的负担，只要动动手指，就能获得利益。

4.4.3 如何让用户出力

让用户出力，也少不了价值观共鸣和利益驱动。价值观共鸣是指双方成为朋友，利益驱动是指双方成为利益共同体。除此之外，我们还要做以下功课（见图 4-8）。

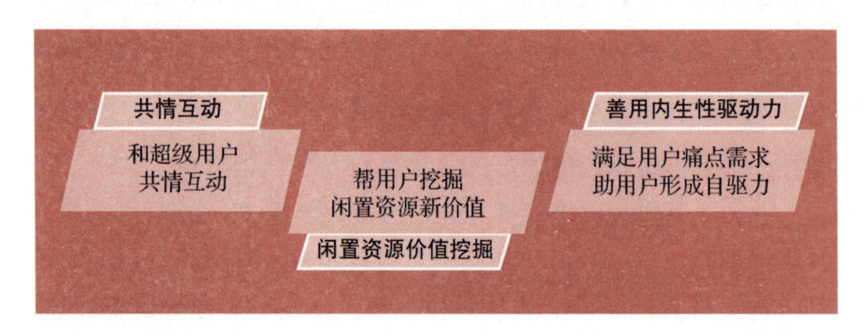

图 4-8　如何让用户出力

（1）共情互动

企业与超级用户共情互动，是让超级用户能设身处地地站在企业的角度，理解企业的运营以及所面临的市场问题，并积极帮助企业开拓市场和解决问题。

在当前的营销环境下，企业不能将用户作为猎物，更不能将超级用户看作普通的朋友，双方是同生共死的战友，是能把后背交给对方的依赖与信赖关系。所以，运营超级用户必须要超越琐碎而狭隘的营销技术和手段，积极获取、听取反馈意见，将交换与交易提升为互动与共鸣，并始终保持“用户价值最大化”的初心。

以招商为例，传统的代理商、分销商、加盟商等虽然有资源，但很多人不具备用户思维，所以我们经常会听到“日子难过，生意难做”的声音。这就需要企业不断地向这些人输出思想和与之匹配的运营工具、技巧等，使他们也能与时俱进，随时跟进用户的需求。

当然，企业选择能作为渠道商的这类超级用户时，不但要考虑其资源和实力，还要考量其变革能力。同时，企业也必须要以恰当的方式，如培训、分享等带动他们转变视角，学会建立用户思维。

（2）闲置资源价值挖掘

新商业有太多出奇制胜的运营玩法，这使得很多原来毫无用处的资源得到了挖掘和再利用，而拥有这些资源的人未必对其有充分的认识。企业拥有较强的闲置资源整理和整合能力，在和这类用户互动中，可以让他们重新认识资源、更充分地利用资源。

比如各种商学院的班主任和助教很多都是兼职，是高校里相关专业的教授和学者，或者是大企业的经营管理顾问。他们具有丰富的商业经验，具备一定的内容输出能力，在时间许可的情况下，能承担商学院的内容输出和管理。而商学院又是商业领域里高端人脉的聚集地，学员都是企业创始人或者高级管理者，他们同样有丰富的商业经验，还有诸多的一线商业问题。对于兼职的教授、学者、顾问来说，这些学员的案例能丰富他们的理论体系。这种资源整合让他们愿意主动花时间、出精力来进行组织管理。

如今的商业世界，资源整合能力已经成为企业的核心竞争能力。企业通过组织和协调，让内部因设立部门而分离的职能进行无界限融合，让外部有共同使命感的合作伙伴在互助合作中提升彼此的价值。

（3）善用内生性驱动力

所谓内生性驱动力，就是让人主动去做某件事的动力。它表现的其实是人的迫切需求。不同时代、处于不同环境的人的内生性驱动力是不同的。企业只有了解清楚超级用户，才知道每个人在哪方面有迫切的需求，可以使用哪种驱动力。

比如对于汽车发烧友，企业可以采用身份驱动、特权驱动以及荣誉驱动等，给予用户一定的身份、权益和荣耀，使用户主动积极付出。

在使用出钱出力这种运营技巧时，最需要调动的，还是人的社交驱动力。

在多媒体时代，每个人有了更多的社交窗口，不但能融入有归属感的自我圈层，还能直接触碰到许多陌生的领域。我们遇到的各种问题都可以通过社交平台来解决。比如，想交友可以用微信、陌陌；想找到最良心的商品推荐者，可以去种草平台小红书、抖音；想约朋友看一场好电影，可以先从 B 站寻找影片，再去美团订票；想看书，可以找同城书友会；想撸猫，可以找同城猫咖馆……社交媒体让每个人都变成了三头六臂九只眼，看到了各个场景下不同人的生活姿态，享受到各个圈层提供的超级服务。反过来，人们对社交的需求更旺盛，每个人手机里都会有各种社交 App。

这是用户的机会，也是社交媒体捕捉流量的机会，更是企业调动超级用户积极性的机会。以朋友圈为例，对于普通人来说，它可能只是实现人的基本社交需求的载体，晒晒自己的合家欢乐，看看别人的家长里短。但在新商业模式刺激下，朋友圈的功能越来越强大，企业也可以通过朋友圈来寻找自己的超级用户。社交媒体的完善为企业寻找超级用户创造了更好的条件。

拥有开放思维的人的社交驱动会更有效。超级用户的特点就是善于打开自己，愿意贡献自己的闲置资源，愿意互助互动，以此获得社交回馈和来自外部的资源力量。

总之，为了让超级用户出钱出力，企业必须要和其建立深厚的情感连接，通过相互赋能，互相都获得价值回报。同时，因为任何人都愿意和能最大化自我价值、最大化回报价值的平台合作，这就需要企业以最大化超级用户价值为基本原则，和超级用户共鸣、共情、共振、共享。

4.5　名誉荣誉：用荣耀来强化认同感

名誉荣誉，是人不可亵渎的欲望之一。人之所以对各种竞赛活动乐此不疲，对奥运冠军、电竞冠军和奥数冠军充满崇拜，就是因为人有对荣誉、荣耀的需求。同样，荣誉对于超级用户也是一种超强驱动力。

图 4-9 所示为用荣誉驱动用户的方法。

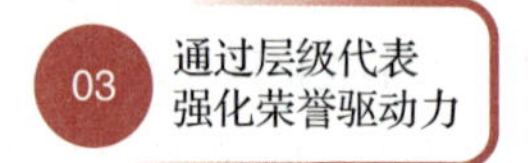

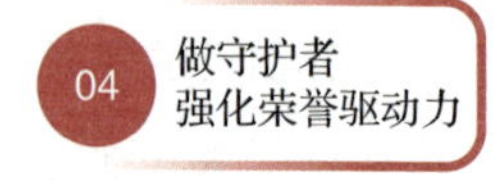

图 4-9　如何用荣誉驱动用户

4.5.1　用仪式感增加荣誉驱动力

仪式感，就是对生活有追求、对梦想有期待的一群人创设的一种生活姿态。它看似空洞，没有丰厚的物质架构，其实带给人的心理满足超出人们的想象。

在当前的消费环境里，女孩在交往纪念日收到男友郑重其事送来的鲜花，会非常高兴地选择一个好的花瓶放在办公室里展示。这就是仪式感的重要性。在物质极大丰富时，仪式感满足了人性的炫耀欲望，同时也强化了认同感。仪式感更像是一种承诺，哪怕未来不可预测，但至少当下，这种仪式让人获得了暂时的安定。

这个道理对超级用户同样适用。企业在和超级用户沟通互动中，加以有仪式感的吸纳、褒奖，就是一种承诺，也是一种区别于普通用户的尊崇，比如销售冠军颁奖仪式、VIP 荣誉颁奖仪式、合伙人授予仪式等。通过充满激情的活动、仪式，确定超级用户区别于他人的身份，炫耀其在某个领域里的特点、做出的突出贡献，一方面是肯定获奖人，一方面是激励其他用户。很多活动还伴有身份驱动、利益驱动，辅以精细化运营，使超级用户的获得感更强。

京东对不同品类偏好用户的体系化运营，借助的就是身份勋章，目的是精准找到每个品类的高价值用户，提供基于品类的用户管理工具和用户前台感知工具。目前，京东已匹配 21 个身份勋章，覆盖了全部品类。其中 5 个勋章涉及订单、评论、晒单多个用户行为。

对于用户来说，通过获得身份勋章，得到的是身份归属与荣誉感。同时，不同级别的勋章对应的权益不同，可以让用户获得类似玩网游的升级打怪动力。可以说，勋章就是各个品类运营与用户沟通感情的工具。对于平台来说，其利用勋章可以实现对用户的分层营销、精细化运营，集中资源维护品类内的高价值超级用户，可以实现效益最大化。

一些做得好的企业，即使是超级用户入社群，也会有入群仪式。群主会认真将其介绍给其他用户，重点介绍其区别于他人的特点、以往的荣誉等，给超级用户被尊重的荣誉感，使其对社群的认同度更高。

4.5.2　用竞赛分享增加荣誉驱动力

2020 年年底，《王者荣耀》的日活跃用户数达到了 1 亿，是世界上第一个用户数突破 1 亿的手游。到 2021 年 7 月底，《王者荣耀》人均单日时长超过140分钟，在国内日活数超过1000万的App中，人均单日时长最长。到底是什么使这款游戏一骑绝尘？原因很多，其中之一就是荣誉驱动，《王者荣耀》利用竞赛分享的方式来使用户产生依赖。

《王者荣耀》里有排位赛、师徒赛、战队赛等多种竞赛模式。不同的人可能适应不同的竞赛，但不管哪种竞赛，都在激励用户通过增加使用时长的方式来提高排位，增强自己的荣誉感。青铜希望成为白银，白银希望成为黄金，黄金希望变成铂金，铂金还想变成王者；完成三杀，又希望完成四杀，乃至于五杀……每一个帅气的排位都想炫耀，截图分享成了每日必做之事。

这是最典型的荣誉驱动模式。某一个段位、某一个形象、某一种荣誉，谁不希望自己朋友圈的九宫格里每一幅图都是美好的样子？谁不希望自己的人生是步步登高向上的？这是人性的需求，所以用户才会主动分享，进而以个人的荣誉为企业背书。

《王者荣耀》做得最接地气的就是，对于某个段位、某个结果，只要用户努力，就可以完成。这让用户对未来充满希望，在预判能达到某结果后，愿意为这个希望买单。

《王者荣耀》给所有的企业以借鉴。很多企业在发展超级用户时设计了竞赛活动，让超级用户参与比赛获得某项荣誉。但由于超级用户本身就是一类特殊人群，企业为了让他们贡献的价值高于运营成本，设计的活动难度较大、参与门槛高。这很容易打消超级用户的积极性，使活动效果变差。

当然，这不是说企业不可以设计难度大的竞赛活动。对于超级用户来说，比赛的目的是获得荣誉，但对于企业来说，却是验证用户的激励机制是否合理。如果企业需要刺激更多用户发起行动，比如拉新裂变，那么在设计活动时，企业就需降低竞赛活动的难度。这可以根据超级用户画像来定。获奖者人群比例超过三分之二，最能激发人们参与的积极性。如果企业需要区域性的代表，这种身份荣誉本身就具有排他性，则可设置排位性质的赛事活动，比如依据年度销售额选取冠军。

蔚来汽车设计的会员权益就包含身份荣誉驱动。不同层级的会员，身份不同，荣誉感不同，权益不同。为了提高超级用户的参与度，创始人李斌还创办了蔚来用户信托。信托理事会设有 9 位信托理事，其中 1 位是信托保护人，即李斌，另外 8 位是用户理事，由会员从车主代表中投票选择。投票分为两轮：初选和终选。这种竞选就包含了身份荣誉驱动以及利益驱动，使超级用户特别积极地投入其中。

要让超级用户长期为企业出力，跟他谈钱，关系往往不可持久，但给他一种社会身份，可让他因这个身份产生极大的归属感和荣誉感，主动站在企业的角度，扛起企业奋进的大旗。

4.5.3　通过圈层代表强化荣誉驱动力

环境造就人。每个人都有特定层级的标签，即使我们生活在另一个圈层中，也会对自己那个圈层念念不忘。如果在你这个圈层里出现了某个非凡的人物，那你通常会激动，将自己的情绪带到这个人身上。

某来自乡村的明星当年参加比赛时，被一些媒体黑得一塌糊涂，可她最后却越来越火，可能是因为当时正是“小镇青年”这个圈层崛起的年代。很多人投票的心理，就是要让更多的人看到，自己的圈层有让人感到荣耀的人。

企业也可以针对某个圈层的痛点，打造一种最可能满足这个圈层人梦想的行为模式，找到一个最具代表性的人，让其实现这一类人难以实现的那个梦想。这样的超级用户代表成长起来，会带动这一类人群依附企业。宝妈在少儿教育类企业担任超级用户的角色，就是一种通过圈层代表强化荣誉驱动力的模式。

4.5.4 做守护者强化荣誉驱动力

我们每个人既是强者，又是弱者；我们同情弱者，又羡慕强者。人性心理的矛盾也体现在荣誉驱动里。

2021 年夏季，鸿星尔克成了热搜的宠儿。这个国货品牌一夜之间翻红，说起来还挺有戏剧性。7 月 21 日，鸿星尔克在微博宣布：向河南洪水灾区捐献 5000 万元物资。有很多网友纷纷评论：鸿星尔克都快倒闭了，还给灾区捐钱；我都替你着急啊，你怎么不宣传一下；良心企业啊，这就是中国精神……

微博不断发酵，到 7 月 22 日晚，很多消费者涌进鸿星尔克直播间，疯狂购货。他们购货的方式可谓独特至极：一不问价；二不听产品介绍；三就是一个字——买。产品只要上架，用户便火速下单。当晚，鸿星尔克上架 135 件产品，销售额破亿。有媒体特意写了一副对联：股票停牌无人问，野性消费天下知。

其实捐款的机构很多，鸿星尔克之所以能独受青睐，和最近几年的国货文化快速发展分不开。“中国人要用中国货”这话对国人的激励特别大。中国经济逐年攀升，中国在世界经济生态中所占据的重要位置，使中国人的民族自信和自豪感逐年上升；同时，国货品牌的质量也在逐年上升，打造国货，购买国货，是当下国人的一种身份认同。

在这个案例中，鸿星尔克搭了一班国货文化运动的快车。用户购买的不是产品，而是对良心国货的支持，表达的是对国人身份的自豪感，这是我们中华民族文化的凝聚力。除此之外，用户的疯狂行为里还有一种难以捉摸的心理，即守护者心理。

人性有恶的，还有温暖的。触摸用户最柔软的心理，激发他的守护欲望，让他守护尊严，守护荣耀。荣誉驱动也不只有花钱买体面，堆叠高贵不凡的身份，同时还可以花钱买凡品制造新荣耀。超级用户并不只局限于高净值人群，某一类巨量、特征明确的群体也是企业发展的对象。托起鸿星尔克的这群人，他们也是企业的超级用户，只不过是非常特别的一个群类。

具有鲜明特性、爆发力的群类很多。这几年，小镇青年越来越受到企业的关注，下沉市场火爆一时证明了这一点。

但不管企业针对哪一类人群，不管采用哪种模式，满足的都是用户的荣耀心理需求。超级用户需要通过其他用户的衬托来体现价值感、尊荣感，这也是超级用户运营思维的关键。

第5章

关系可持续的保证：赋能你的超级用户

扫描二维码，
收看章节导读视频

对超级用户的赋能包括转化赋能、产品赋能、运营赋能、资源赋能、品牌赋能、用户赋能和系统赋能。为超级用户赋能，就是企业为超级用户提供各种支持，做超级用户的伙伴、产品提供者，还要做超级用户的培训导师、成长顾问，使其价值最大化。

5.1　赋能三大定律

超级用户是有资源、有行动力的人，其中不少还是商业运营者。企业要调动他们参与企业的生产运营，光凭运营技巧和驱动力远远不够，自身要有大能量，能成为超级用户的靠山和加油站，为超级用户赋能。为超级用户赋能有三大定律，如图 5-1 所示。

图 5-1　赋能超级用户的三大定律

5.1.1　定律一：让用户做擅长的事

千人千面，唯用其长，才能得其善。

（1）找到和企业最匹配的人

构建用户画像、为用户分层、做精细化管理，这些运营的目的都是要明确用户到底有什么，最喜欢什么，最擅长什么，和企业的匹配度如何。企业要寻求的，首先是和企业匹配度最高的人，然后才是这群人中最优质的人，这样才能事半功倍。

以小红书为例，尽管它如今已经成为重要的超级用户生存区域，但小红书适合的企业还是有限的。小红书的用户 90% 是女性，因此，美妆、减肥、护肤以及穿搭这些女孩子关心的话题，在小红书上更容易受到关注。完美日记正是这类企业，它前期就是借助小红书的超级用户进行密集性输出，很快就出圈了。

自带超级尊贵身份的用户，未必是企业最有价值的超级用户。企业所在的行业不同、特性不同，所需要的超级用户也不同。企业要在具体的业务目标下，找到能在该业务模块里发挥最大价值的那群人。只有找到对的人，企业才能让其价值最大化。

（2）找到在终端用户中最有发言权的人

超级用户是连接企业和普通用户的桥梁。超级用户只有与终端用户紧密连接，话语权最大，才能具有更大的带动作用，才能使企业获得更大的增长。

出国邦是一家做移民业务的服务机构。做移民其实是很难通过投放去获取客户的，因为这需要非常高的信任感。出国邦洞察到一个人群，可以帮助完成获客这件事。于是做了一个培训产品，培训的对象是国内的律师和律师事务所。

可是，怎么获得这些超级用户呢？出国邦设计了一个社群活动，主题类似为“竞争红海时代，传统律师如何转型升级”的 3 天 2 夜培训产品。培训老师是出国邦的创始人和国外的知名律师。在培训期间，转化部分律师成为交费 20 万元的出国邦城市合伙人，这些城市合伙人再向客户推荐出国邦的投资移民业务获得分成，平均推荐成功一个客户可分成几十万元。而这款培训产品的价格为 3 天 3000 元 / 人。对于收入偏高的律师来说，这个价格决策时间很短。

一场培训下来，转化率达到 30%。而且这个培训可以在全国各个城市做，这支撑出国邦成为出国移民业务规模最大的企业。

出国邦用一个培训项目就撬动了两个方向的人群：一个是律师人群，一个是有移民需求的人群。寻找这些人的原则之一就是与终端用户深度连接。律师和移民人群是两个连接度很高的人群，用律师来服务最终用户，而企业为律师赋能，形成一个良性连接环。然后，企业再从为其输送价值观入手，以让传统律师转型升级为驱动力，吸引这群人加入。在智能时代，任何传统职业都面临着转型升级的难关，律师也不例外。企业抛出的这个钩子恰好是律师的痛点。

我们前面介绍的 KOL 和 KOC 都是意见领袖。他们是内容输出者，都有固定的粉丝群类，和粉丝群的互动频繁深入，在粉丝群中具有非常大的话语权，因此，KOL、KOC 是所有企业都会寻求合作的目标群体。

（3）有些事用户比企业擅长

我们前面就说过，超级用户有企业没有的资源，有企业没有的视角，有企业没有的地域优势。再大型的企业，也有不擅长的领域；再看起来不突出的群落，也有能发挥价值的空间。对于有些事情，用户比企业做得更好，企业要善于借力，避开自己的短板，给用户发挥价值的空间。

以产品设计为例，在设计新产品时，很多企业的产品系统都是开放的，并由设计师、程序员、用户来共同完善。其中，超级用户是重要的测评者、维护者和建设者，尤其在测评方面，他们有完整的用户视角，是纯粹的用户思维，常常能帮助设计师将产品简化为最适合用户的，所以，他们比企业更能胜任这些事情。

引入超级用户，首先要在更大的人才库中寻找到最适合企业的那部分人。只有每个人分工做好自己擅长的事情、承担各自的责任，企业最终才会全面优化、步步升级。

5.1.2 定律二：企业和超级用户双向赋能

我一直在强调，企业和超级用户之间是相互赋能的关系。

（1）超级用户和企业是双向选择

很多超级用户，特别是渠道商这类人群，其本身有主业、懂运营，是无数企业想要争取的合伙人。因此，他们和企业是双向选择。他们选择企业的原则无非两点：第一，有足够的信誉度，值得信赖；第二，足够有诚意，能让自己价值最大化。

大型企业因为有品牌保证，有资源优势，所以很容易争取到超级用户。中小型企业也并非没有机会，需要做到两点：为了争取到优质用户，企业必须要舍得投入；为了保证自己的利润空间，企业必须要能加速创新。拼多多之所以能以小博大，一夜崛起，就是加入了游戏思维，创新了多种运营玩法。

（2）企业和超级用户要相互成就

企业与超级用户交流运营中的所有行为，都是为了赋能超级用户，而超级用户发挥了最大价值，也就是在赋能企业。为了促进相互赋能，企业还需要做好以下两点。

第一，企业要能高屋建瓴

企业是连接的发起人，也是布局人，一定要能高屋建瓴，统筹全局，知千里之外的局势，懂未来发展的趋势，并明察当下的细微变奏，随时指引位于企业运营某个环节的超级用户做出变动调整，让超级用户安全、稳定地获利。

企业要敢于作为。首先，能给予每个人决策权。企业负责价值观和目标协同，一线决策由超级用户自己来做，这样既能保证整个团队的凝聚力，也能保证团队的执行力。同时，企业还要给予不同角色不同的权利和义务，使所有人各司其职，各展其长。

其次，要能宽容失败。为了发展，超级用户必须要成立小组织，但在没有参照的情况下只能自我摸索。以社群拼团为例，新物种出现，小组织都是尝试各种模式做增长，在失败中吸取经验是常态。企业不能盯着失败案例淘汰人，而应该研究、发现对的增长模式，进而提炼、复制给其他小组织，使更多的超级用户都能使用对的方式做对的事，扩大成功效应。

微商组织在这方面就做得非常到位。百分之九十的微商老师是组织里非常优秀的人。他们一边做增长，一边做分享，将自己成功的经验复制给组织，使更多的人避开陷阱，快速获得成功。成员成功，也就壮大了自己的团队。

最后，要鼓励和支援小组织的冒险行动。冒险是创新的基础，创新是生存和提升竞争力的基础。企业要支持小组织的冒险行动，要多做考察、调研分析和事后复盘，降低冒险成本，提高创新成功概率。只是企业应该在销售方式、活动形式方面多勇敢尝试和创新，多去冒险，而在产品、供应链、物流等涉及体验的环节，最好不要冒险。

第二，企业要善于转变角色

企业和超级用户只是一个连接上的两个点，双方是互相选择、互相成就的关系。从企业的角度看，企业做平台，服务超级用户。但对于超级有资源、超级有能动性的用户，企业也可以转变角色，做超级用户的超级用户，接受其服务和赋能。

以 IP 或者 KOL 为例，他们都是超级用户，都会有多个营销窗口，比如微博、微信、抖音。企业在和他们合作时，就是相互赋能，互相都是对方的超级用户。以做产品宣传为例，企业为这些超级用户提供免费样品，既可以帮助超级用户实现用户增长，提高用户黏度，自身也能实现增长。

当前，企业的终极目标就是打造平台生态圈，成为超级用户的平台，联合各方组织和个人实现共赢。生态圈里所有的组织和个体都在相互赋能，至于谁是主导者已经不重要了，能在生态圈为谁赋能、实现怎样的赋能关系、获得怎样的增长才更重要。

5.1.3 定律三：用户等级不同，赋能深度不同

我在前面已经说过，分类分级是用户精细化运营的重要手段，不同层级的用户享有不同的权益。权益不同，管理不同，赋能也就不同。除了特权和管理赋能，企业对超级用户最重要的赋能方式就是培训。这里就重点说一下培训。

由于不同层级的超级用户拥有的资源和自身的潜能不同，认知和思维也就不同，企业根据其特色进行有针对性的培训，有助于塑造超级用户的成长通道，使所有超级用户都能获得快速成长。

以渠道商分级培训为例。不同级别的代理商具有不同的属性，例如省级渠道商主要的功能为招商、市级培训以及与省内大型机构合作，市级渠道商主要做一些服务和销售。企业应根据渠道商不同的级别，有针对性地提供相应的培训工作。上一层级的渠道商负责对下一层级渠道商的培训，如省级代理提供省属市级的培训，充分授权，方便各级代理的管理和沟通。

一般来说，培训可分为 3 个板块，如图 5-2 所示。

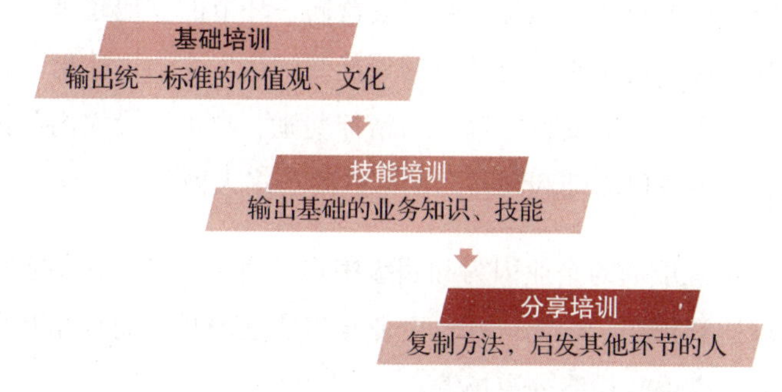

图 5-2　超级用户培训 3 板块

（1）基础培训

基础培训包括行业背景、企业简介、业务逻辑、产品特性、使用的运营工具等。这一过程最主要的作用是进行价值观的统一。超级用户的背景、经历、理念不尽相同，企业需要输出统一标准的价值观、文化等，让彼此的合作更加协同稳定。基础培训是让用户成为自己人的第一道门槛。一些只为了佣金而来的用户，在这里若产生了共鸣，就能主动做得更多，因为他们不会觉得自己是为企业做事，而是在实现自我价值。

（2）技能培训

很多优秀的企业都设有培训师的岗位，定期为在企业中扮演不同角色的超级用户输出公司基础的业务知识、技能类的内容。

（3）分享培训

分享培训一般针对的是最优质的超级会员。他们在运营第一线已经有了较为突出的成绩。企业整合这类人的资源，让他们分享感悟、运营技巧，使位于企业运营同一环节的其他超级用户能复制其方法，使位于其他环节的人能受到启发。为了让更多人愿意分享，企业也需要设立物质和精神奖励，也可以设立内部讲师聘用制，用身份驱动和利益驱动来鼓励更多人做分享。

不重视培训的企业因为和超级用户沟通不顺畅，在很多项目上很难达到预期。长此以往，企业难以实现增长，而且相互之间还会离心离德，最终分道扬镳。

很多企业会追踪行业前沿，社会上流行什么商业模式就打造什么商业模式，翻新了什么运营方法就玩什么运营技巧。但其实最先进、最具效能的商业模式和运营技巧，通常以超级用户为核心爆点，通过超级用户开发创造而实现。企业要有更高的格局，以真诚为原则，为超级用户赋能，和超级用户共同成长。

5.2　怎样赋能你的超级用户

不同的企业，资源不同，产品特色不同，生产运营就有不同的侧重点，为超级用户赋能的方式也就不同。比如，处于增长阶段的企业可能会侧重转化赋能，已有私域的企业会侧重运营赋能，擅长运营技巧、工具的企业又会侧重系统赋能。

5.2.1　搭建赋能超级用户的组织

企业作为指挥中心，为了吸引更多有能量的超级用户，首先要搭建赋能型组织，即企业的私域组织（一般为社群形式）。最常见的会员体系也是以社群的形式来获取信息、资源，进行沟通互动的。

（1）赋能型社群组织与企业传统组织的不同

第一，两个组织的运营模式不同

企业为了运营，需要招聘员工，搭建组织。组织成型后，各单位要各司其职、各设目标，按流程合力推进工作进度。企业传统组织是管理型驱动，非常注重业绩考核，以保证按时保质完成任务。

赋能型社群组织在运营时需要被激活，这就需要深入了解组织成员的痛点、需求，结合需求来激励，使组织成员能自动自发地为组织做贡献——或出钱贡献购买价值，或出力贡献裂变价值，从中获得价值回报。赋能型社群组织没有强制性，是正向的互相促进，驱动用得好，效果常常会超过期待。

第二，两个组织的上下级关系不同

企业的上下级关系是从属关系——从目标设定到任务完成，上级要不断去做决策，指导下级每一步该如何行进。而赋能型组织中，上下级关系是赋能——下级在最前线，具有决策权，上级会为了让下级全力冲锋提供充足的弹药、炮火。

（2）如何搭建赋能型组织

赋能型组织包括 3 个组织：前台组织、中台组织、后台组织（见图 5-3）。

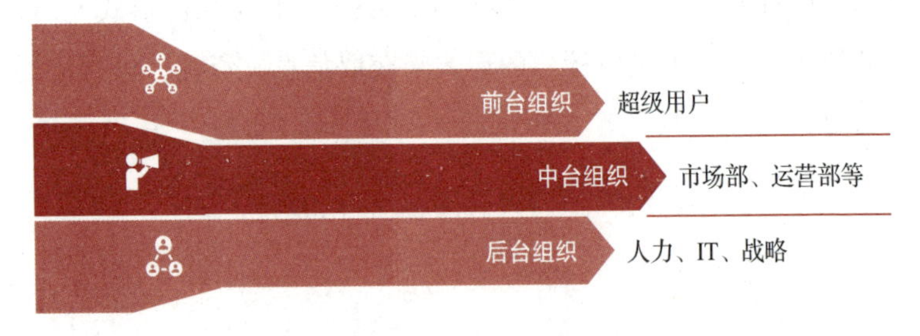

图 5-3　赋能型组织的结构

第一，前台组织

前台就是前线，由超级用户组成。超级用户承担着传播、用户运营、销售等诸多工作。他们一方面连接企业，一方面连接消费者，把组织的信息、资源、价值传递给用户，使用户愿意依附在企业的运营链上。

前台组织最灵活、柔韧，成员聚可以成为一团火，散可以成为满天星。其兼具产品、服务的快速迭代功能，以及发现和探索未来技术、运营技巧、资源的功能，为后台组织创新提供信息准备，并对后台组织的创新进行初步验证。

第二，中台组织

中台组织由品牌市场部、运营部、培训部等部门组成。其中，品牌市场部主要承担两大职责：第一个职责是为企业品牌（产品）做包装和推广，目的是提高品牌的知名度和美誉度；第二个职责就是获取超级用户的线索。

运营部的职责就是运营社群，和超级用户进行直接交流、互动，通过各种仪式、活动，提高超级用户的参与度，强化超级用户的归属感，使超级用户把更多的时间放在社群里。

培训部的职责是对超级用户进行学习资源的赋能，使整个团队价值观一致，并在发现、分析、总结的基础上，使整个团队始终能以最妙的方案、最佳的技巧做事。

中台组织承担着赋能超级用户销售增长的职责，承担着企业运营之重任。中台组织是战术性应用部门，也是为超级用户提供统一支撑性服务的服务部门。中台组织的目标，就是把苦活、累活都承包下来，让超级用户轻装上阵，以最擅长的方式为整个组织赋能。

第三，后台组织

一般来说，社群组织的后台由人力资源部和 IT 部组成。其中，人力资源部承担着为超级用户输送文化、价值观的职责，并通过淘汰价值观不一致的超级用户来强化团队的凝聚力。IT 部则是为整个团队打造系统，制造各种销售工具的部门。

除此之外，还有一个重要的部门，即战略部门。其以高瞻远瞩的视角，去观察、发现商业模式的细微变奏，并对市场的长期发展做出预测，规划企业的未来，部署团队的作战计划等。

这种赋能型企业组织模式又被称为生态型组织。它兼具生物生态系统的柔韧性和稳定性两大特征。赋能型组织模糊了企业的边界，使企业能在不同的目标下，随时寻找、搭建以不同群体为主的组织群落，快速聚合成命运共同体。

也就是说，赋能型组织通过向外联合，打造了一个具有更宽生态范围、更健康、持续向好的组织环境。组织在为组织成员赋能的同时，组织成员也会对组织环境形成反哺，也就是我们前面说的相互赋能。

比如，传统的地产行业只是盖房卖房，是房产项目开发商，而现在很多地产企业开始向外联合，从单一的建筑商向城市智能服务商模式升级，不但开发地产，还会增加产业项目，如创办科技产业园，吸引制造类和新兴产业入驻。这些超级用户的入驻，就对周围的社区形成了产业反哺，使社区的居住环境更好，服务质量更高。以碧桂园的“产城融合战略”为例，它就是通过垂直整合，进行多元布局，其服务项目不但有建造、装修，还有园林、酒店、学校、商业、医疗等。这些多元的超级用户加入组织，反哺了组织的生态环境。

也就是说，这样的赋能型组织具有双向成长动力：向内（企业），超级用户的反哺可以使企业进行能量集中，通过集结多方能量融合共创来扩大品牌的影响力，提升品牌的竞争力；向外

（用户），企业可以进行多方输送，为拥有各种资源、各种能力的超级用户赋能。对于超级用户来说，得到组织的赋能，就得到了价值实现的机会；对于企业来说，为超级用户赋能就是集中能量进行创意融合，进而找到爆发的机会。

5.2.2　转化赋能：他来拉新，你来转化

一说到转化，企业通常使用的方式就是红包、营销活动。红包是最简单的利益驱动。如何设置更完美的营销活动，才是企业能为超级用户赋能的关键。一般来说，企业设置营销活动的基本办法为：策划一场线上报名 + 线下落地的活动。仅仅线上活动是不够的，企业还需要设置线下的场景生态圈，形成完整合理的营销体系，使超级用户更容易实现裂变。

企业做营销活动要有场景思维，使用场景化赋能。什么叫场景化赋能？就是企业设置一个场景，然后超级用户将普通用户拉到这个场景，方便用户更充分地理解企业的文化和利益点，并在仪式感、荣誉感和参与感等驱动下，直接下单购买，且愿意进行深度接触，逐步形成使用习惯。

我们前面介绍的肆拾玖坊在“茅台酱香之旅”中设置“封坛大典”就是为用户打造了一个转化场景，使所有来茅台镇喝好酒、吃美食、参观茅台酒厂的新用户心动，然后自然地进行转化。

在场景化营销中，特定的场景与用户的需求进行了连接。用户通过场景来认识产品、服务，特定的场景引起用户共鸣，激发消费行为。这样，超级用户不用做什么，就能实现裂变。

通过场景化营销为超级用户赋能，企业必须要知道用户在什么样的场景会说什么、想什么、做什么，即他需要什么，就给他什么。为了提高赋能效果，企业还应该在不同的时间、不同的地点设计不同的场景，使超级用户做裂变时有多条通道。

以黑马运动会为例，它就是用“线上报名＋线下活动”的方式做营销。黑马运动会是黑马会举办的创业者竞赛活动。活动内容丰富多彩。每周，黑马运动会微信群里都会有干货分享，分享人是业界大咖、黑马师兄；每月，黑马运动会组织发起黑马大赛，几十位黑马创业者通过路演 PK，投资人关注整个竞赛过程，并从中选定投资项目；黑马运动会还设有黑马硅谷基地，每年都有导师带黑马会会员去美国硅谷和以色列探创新、亮产品。所有这些活动都极具场景化，将同样有创业梦想的人汇聚在一起，做出一些让人期待的事情，因此，新用户很容易在每个场景中转化。黑马运动会创立之后的 30 天内发展了 8 个行业分会、3000 个会员；90 天内，发展了 10 个地方分会、1 万名会员……其分裂成长的速度由此可见一斑。

同样一场活动，在黑马运动会这里，创业者可以获得人脉资源、信息资源、创业思维模式改进等多项利益，可以迅速从一个较低的圈层跃升到一个较高的圈层。这种高效能、多利益的场景，对用户的激励性更强。

5.2.3 产品赋能：他来传递，你来提供

在消费升级的时代，具有竞争力的产品就是企业生存的根

本。产品赋能，就是依赖产品的特性来帮助超级用户做运营，如图 5-4 所示。

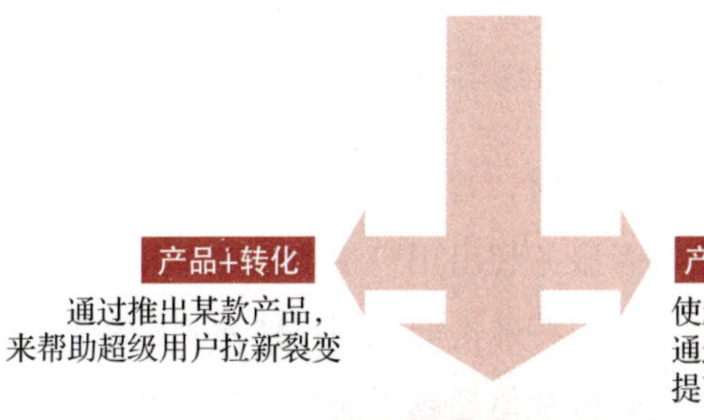

图 5-4　产品赋能

（1）打造让人尖叫的产品

新企业在红海市场为什么难以生存？因为在这样的市场，商业模式已经成熟，使用产品的习惯已经形成，新的企业开发的产品即使性能很好，也很难说服用户去使用它们的产品。要想突出重围，企业就得从改变人们的行为习惯开始做创新。

以健身镜为例，2016 年，美国首次创建健身镜品牌 Mirror。它是一种陪伴人健身的智能镜子，可以让人在健身时从镜子中看到自己的形态。Mirror 通过智能连接，还可以进行数据跟踪，识别并修正错误动作，甚至配有拍照等多种功能。因此，这款产品一上市就受到了人们的哄抢，4 年融资 7500 万美元，成为头部品牌。很多健身群里都会有人推荐这款产品，甚至脸书上有几十万粉丝的大V也纷纷推荐这款产品。2020年，其以5亿美元被Lululemon收购。

这就是最典型的创新产品驱动。一款摸准了用户痛点同时又极具创新形式的产品，会瞬间在市场引爆。

苹果公司当初在推出新产品时，曾使用过一个词语——尖叫度。所谓尖叫度，即产品或者服务超出用户预期的程度。当用户第一次接触一款产品时，产品的特殊性能让用户体验到了较高程度的兴奋感、愉悦感。其高峰体验值超越了用户使用该类传统产品的体验值，使得用户很容易爱上新产品，而抛弃旧产品。

苹果公司曾经把提升产品尖叫度作为开发新产品的目标，力求让产品在用户满意度之上，让用户获得更大的惊喜。“打造让用户尖叫的产品”也是小米公司的企业文化。

企业若具有产品创新能力，通过打造尖叫产品，再找到原点用户（即超级用户）后，能获得迅速增长。

（2）产品+转化

“产品+转化”也是一种赋能方式，即通过推出某款产品，来帮助超级用户拉新裂变。

盐津铺子是一家上市企业，因为错过了互联网红利期，所以没能快速增长。但在私域运营起步后，社交裂变却做得很好。其选择做用户转化的产品是戚风蛋糕。这款蛋糕水分高、口感滑嫩、味道清淡，广受欢迎。蛋糕的定价为49元，是用户非常容易做决策的价位。盐津铺子设计了两层佣金模式，使用户在购买体验后还愿意做分享转介绍。使用“产品 + 转化”的模式，盐津铺子在 3 个月内就赚到了 1000 万元，一年内销售额达到 2 亿元。

这种产品赋能必须具备几个特点：产品具有极高性价比，即为用户营造一种买了就赚了的感觉；具有品牌特征，即人们一说到盐津铺子，就会想到戚风蛋糕；适用范围广，即喜欢戚风蛋糕的用户从年龄层面、薪水层面都具有广泛性，可以说是一款大众喜爱的产品。

（3）产品 + 拼团

拼团也是一种非常受欢迎的营销模式。很多电商都会提供产品，并设置拼团的玩法，使超级用户在拼团中扩大规模，同时通过不断上新的产品，使用户将更多的时间都放在自家平台上，提高用户黏性。拼多多就是采用典型的拼团模式，企业提供产品，超级用户通过“产品 + 拼团”来裂变。

拼多多是玩团购玩得最好的商家之一。它有很多设计都能促使用户下单：团购的核心是低价，拼多多会在平台上同时显示单独购买时的单价和拼团后的价格，给用户造成心理冲击；拼多多设计了参团人数、还差成团人数、热销排名、拼团倒计时等多个显示功能，当开始团购一款产品时，团购人数越多，所剩时间越短，用户转介绍的欲望就越强，拼团就越容易成功。

拼多多还曾设计过“一分大牌推荐”活动。这也是一种团购模式，但其机制设定非常游戏化。首先，为不同的商品设置不同的参团人数、开团资格，达到资格后可以随意开团。开团和参团只需要付 1 分钱即可。成团后，在规定的时间内，拼多多会随机抽出一等奖获得者，其他人获得二等奖。一等奖得主用1分钱购买该开团商品，二等奖得主获得有门槛的88元代金券。凡参团者都获得了“一分大牌推荐”开团资格，可以持续开团。

在这种模式下，所有用户都只需要支付1分钱，就有机会获得大牌商品，且分享拉新次数越多，中奖概率就越大。即使被拉来的新用户也同样有获得一等奖的机会。因此，这是一个利己利他的利益驱动设定，新老用户都会心动。

企业的拼团设计越具有吸引力，超级用户做转介绍时越容易，裂变效果越好。

其实，产品是企业与用户进行连接的核心关键。产品让用户满意，其他一切营销活动才能有的放矢。

5.2.4 运营赋能：他来实施，你来定义

运营赋能，就是企业设计运营流程，定义运营标准，让超级用户按照一定的流程来参与企业的生产运营。其实，“产品 + 转化”“产品 + 拼团”既包含产品赋能，也包含运营赋能。企业搭建社群、分享干货、设计各种营销活动，都是为了给超级用户做运营赋能。

豆柴是一个宠物食品品牌，于2014年创立，经过几年的发展，复购率达到65%，客单价达到900元，转介率达到25%。

豆柴采用的是社群直营的服务模式：一开始的切入点是口粮，通过参加全国宠物展览会来做用户触达，让用户加入豆柴社群。社群只做会员社群，付费1000元即可成为会员，享受多种

权益，这一步就是启动超级用户，然后破圈子传播。

豆柴为社群打造了管家型人设。管家形象非常专业，同时还很有亲和力。豆柴有 400 个账号，由 200 多个管家来运营。

用户首次触达时，会由管家一对一添加，入群极具仪式感，每一句话都是人工回复。豆柴内部规定：第一次与用户沟通时，不允许推荐商品，但必须要做几个提问：养的是猫还是狗？什么品种？叫什么名字？宠物多大？如果用户有问题，提供专业咨询服务。

社群日常运营会在公众号和朋友圈发布精准而专业的干货，品牌度极高，让用户从这些内容中获得丰富而正确的养宠知识。

做活动运营时，豆柴会在朋友圈发海报，触达用户。用户通过点赞进群，豆柴建立快闪群发售产品。在快闪群，有一个从暖场到介绍产品到背书到购买接龙的售卖过程。

在产品体系上，豆柴也是通过特定的产品体系来做用户分层：活动赠品，如逗猫棒，为了提升用户的活动参与度；拉近关系的产品，如驱虫药，这种产品赠送只是为了建立关系；建立长期关系的刚需产品，如猫粮、狗粮等；礼品，比如精致的宠物服装配饰；豆柴专属产品，具有豆柴品牌特性，比如营养品，这是超级用户专属产品。

除此之外，豆柴还做了线上线下一体化运营布局，在线下建了屋虎猫馆，专门售卖纯种猫咪。其专业的运营流程，使线下馆刚开业就刷爆了小红书。

这一套成熟的运营模式，不但为豆柴精准找到了超级用户，还为超级用户在转介绍时赋能——他们只需要一个链接，其他都甩给豆柴的运营人员去做，就可以获得豆柴的利益回报。

从豆柴的运营模式可以看出，在产品有保障的前提下，企业的运营体系越完善，超级用户的复购率就越高，转介绍也就越容易实现。这种运营模式中最具亲和力的地方就是一对一运营，使每个潜在用户都获得专属服务，并愿意付费享受更多的私有定制服务。

5.2.5 资源赋能：他来使用，你来连接

资源赋能，就是为超级用户提供他自己没有的资源，让他来使用你的连接扩大价值。

（1）平台赋能

消费互联时代的平台企业在生态演变中模糊了组织边界，已经形成丰富的资源，具有网络连接效应，可以为超级用户超价值赋能。当一个平台自成体系后，超级用户可以不借助任何平台以外的力量，获得巨大的升值空间。

以爱奇艺为例，它是一个服务型平台，在产能、技术、用户方面也极具优势。它通过培育生态土壤，并提供专业的技术服务，让更多的人参与进来生产内容、观看内容。爱奇艺在此基础上赋能 IP，以影视剧作、动漫、纪录片等多种形式，将多品类 IP 进行价值维度延展，使超级用户在这里获得更大的发展。

资源赋能是已经形成生态系统的平台企业的优势，这种平台需要超级用户入驻来培植生态土壤。其生态系统越健康、越富足，超级用户享受到的利益越多，创造的价值也就越大。超级用户创造的价值反过来又继续给予平台给养，形成正向循环。超级

用户与平台之间互利共生，相互给养。

像这种平台很多。有内容创作平台，比如阿里的 UC 大鱼号背靠阿里，通过打通阿里集团的所有资源，如数字资源、商品资源，甚至流量资源等，使内容创作者获得丰厚的回报。有产业连接平台，比如各地方政府牵头、区域企业联合打造的地方产业服务平台通过数字化转型，使传统企业和互联网企业相互融通，彼此在技术、数据、金融和基础设施等多维度赋能。

（2）加盟赋能

除了平台资源赋能，还有一种比较常见的资源赋能方式——加盟赋能。品牌方拥有品牌、运营等诸多优势资源。如果品牌方自己开门店，现金流压力特别大；而如果赋能给超级用户，双方都可以获利。

绝味早早明确了连锁加盟的思路，中央工厂生产、冷链统一配送，营销上高举高打，店面铺遍三四线城市，靠着价格便宜、量又足吸引消费者。

周黑鸭为什么也要选择启用超级用户？

第一，资本市场压力。周黑鸭和绝味同样卖鸭货成功上市，周黑鸭的单店利润更高，绝味鸭脖的门店数量更多，但资本市场的反馈不一，绝味鸭脖一度比周黑鸭市值高 4 倍。

第二，品牌压力。周黑鸭门店数量接近 1300 家。根据公众号“周黑鸭星球”（周黑鸭官方文化号）的信息，截至 2021 年 5 月 31 日，周黑鸭特许加盟店已经突破 1000 家。而绝味鸭脖早在 2019 年就已经拥有 1 万多家门店，到 2020 年年底，已经达到

12399家，至今扩张速度不减，其中有90%都是加盟店。

周黑鸭的门店集中在一二线城市，绝味鸭脖不仅在一二线城市的门店数量远远超过周黑鸭，而且在三四线城市布局也颇多。按这个局势发展下去，久而久之，随着绝味鸭脖门店的裂变式发展，绝味鸭脖的获客成本会更低，在全国的品牌影响力更大。

第三，业绩压力。根据周黑鸭历年财报数据，2018～2020年，其总营收分别为32.12亿元、31.86亿元和21.82亿元，同比分别下降1.15%、0.79%和31.5%；而净利润分别是5.4亿元、4.07亿元和1.51亿元，同比分别下降29.1%、24.56%和62.9%。横向对比，绝味食品、周黑鸭在2020年的总营收分别为52.76亿元、21.82亿元，净利润分别为7.01亿元、1.51亿元。

周黑鸭的净利润下降，很大原因是获客成本增加。周黑鸭的利润来源于用户，超级用户的线下房租持续上涨，线上外卖平台扣点也在涨，一家店出现亏损甚至闭店就会影响一个区域的利润表现。相比而言，绝味的利润主要来源于B端：加盟商的加盟费，加盟商订货稳定，则整个盘子就比较稳定；不稳定的B端也会被快速招商替换。

第四，商业模式倒逼。周黑鸭重资产自运营模式，在向百年品牌方向努力，从产品研发到品牌推广、门店运营、外卖全部自己做，但至刚易折，遇到不可预测的突发事件，容易受到更大的内伤，大规模闭店会伤及五脏六腑；绝味是轻资产重运营模式（S2B2C），大部分店是加盟门店，低成本扩张，只负责中央工厂和物流配送，更具有韧性，因为有数以万计的个体创业者共担风险。

绝味鸭脖的加盟商100%来源于老用户，周黑鸭和绝味鸭脖的真正差距在此。周黑鸭和绝味鸭脖两个品牌的发展之路进一步验证了用户思维的重要性。在当今的时代，所有的生意只有在互相支持、互相成就的理念下才能获得更好的增长、更稳定的发展。

从周黑鸭和绝味鸭脖的对比可以看出，企业通过加盟赋能，融入更多超级用户的力量，可以减轻很大的负担，快速实现增长，持续稳定地发展。不过，做得好直营不一定做得好加盟，涉及既得利益重新分配。周黑鸭是直营基因而且自己拥有线上商城，未来周黑鸭加盟商最大的竞争对手可能不是绝味鸭脖（因为用户群体还是有差异的），而是拥有更多扶持和更好点位资源的周黑鸭直营店。内部要不要优先扶持直营店，这是管理者需要考虑的问题，毕竟产品利润更高。一旦和超级用户之间形成利益冲突，加盟的意义便大打折扣。

相对来说，绝味鸭脖的赋能加盟更加纯粹，超级用户和企业之间是互利共生的关系。像这样的赋能加盟还有很多，比如霸蛮牛肉面、花点时间。

以花点时间为例，它是新消费生活方式品牌。借助“她经济”崛起的时机，花点时间为女性创业者提供一站式服务，帮助创业者进行店铺选址、花材选购、运营等，赋能创业花店快速成长。到 2021 年，花点时间在全国已落地 200 多家实体花店，帮助这些花店的女性创业者实现了自我价值。

这其实是一种“平台 + 加盟”的方式。平台赋能，是将一个成功的案例进行无限复制，再加上企业的优质资源，使加盟者的成功率大大提升。能在复杂的商业竞争中迅速脱颖而出，自然会受到加盟商的极大欢迎。

5.2.6 品牌赋能：他来说明，你来包装

同样是一碗粥，宏状元的粥为什么更贵？因为它有品牌效应。品牌，是企业获得长足发展不可缺少的关键因素。品牌赋能和产品赋能一样，是基础赋能，如超级用户做电商直播，非常看重选品这一环节，因为好品牌就意味着好的受众基础，而选品不好会将一个粉丝众多的超级用户直接拖垮。

在互联网时代，数字化营销改变了商业规则，小企业纷纷拔地而起，大品牌反而陷入桎梏，这就需要企业以全域营销的思维，盘活数据，触发目标群体的激情，让品牌也能与时俱进，变得更有价值。

以美团为例，一说到它，人们想到的就是外卖以及那个黄色的小袋鼠图标。但外卖其实只是美团所能提供的一部分服务，美团致力于打造一个综合性 O2O 生活服务平台，这就需要打破公众的刻板印象，进行品牌升级。那么，美团是怎么做的呢？

从 2019 年开始，美团将所有集团 App 聚合到美团 App，推出“美团——美好生活小帮手”的品牌理念。

到 2021 年，从第一个季度开始，美团在品牌推广中强化“生活小帮手”这个品牌理念，推出了好几支品牌 TVC（宣传广告影片），在官网还推出了文案：生活总是在忙忙碌碌中前行，忙着学习忙着坚强忙着未来忙着成长，忙着把美好变成日常。别怕世界会错过你的舞台，你只管忙，你的忙我来帮。美团，你的

美好生活小帮手。这就是在向受众释放美团将以“生活服务”为核心战略，重新对美团进行了定位，输出新的美团形象。

与之相对应，产品也更新了图标，在开屏页将原来的品牌口号“吃喝玩乐，尽在美团”更换为“美团——美好生活小帮手”。

明星代言方面，原来产品的核心卖点为“省钱、实惠”，代言人是亲民的喜剧明星，形象、人设比较贴合。而现在产品的核心卖点为“便捷高效、品质生活”，重新选择了更为年轻的明星代言，打造一种温暖阳光、活力四射的服务型品牌人设，以便和更为年轻的消费群体融为一体，激发年轻人的使用行为。

除此之外，美团还在跨界合作和品牌联动等多个方面进行了品牌的重新升级，释放出美团品牌“无边界扩张”的野心。

美团是一个已经深入人心的老品牌，要完成进化，为品牌重新定义，就需要重新为品牌树立人设，重新定义产品核心卖点、品牌的理念。同时，还要将这一新的人设、理念、卖点输出给用户，使用户也完成对品牌认识的进化。只有当用户一遇到需要帮忙的事情就想起美团，美团的新品牌形象才算深入人心，其超级用户在使用这个 App 时，才会获得与品牌方同等力量的助力。

任何一个品牌，想要在消费者心里留下深刻而正向的印象，都需要一个占领用户心智的过程。广告推广、明星代言、跨界合作、品牌联动等都是必不可少的品牌推广战略。在这个过程中，企业需要不断地提供与品牌形象一致的内容素材，通过对用户进行初次触达、二次触达、三次触达，建立用户认知，并最终得到用户认可，让产品融入用户的习惯之中。

5.2.7 用户赋能：他来服务，你来引流

所谓用户赋能，就是拥有用户资源的企业负责引流，超级用户负责实现终极服务。这和转化赋能的模式正好相反，转化赋能是超级用户负责引流，企业负责服务。能进行用户赋能的超级用户都是有大量粉丝的。他们可能是明星，也可能是拥有粉丝群的内容创作者等。

当内容成为一种变现的模式时，内容生产者也就变成了商人。他们所生产的内容要具有引流作用，并与商品进行连接。此时，他们拥有用户群体，会主动寻找拥有商品的生产型企业，与它们进行连接，通过相互合作来获得供应。

未来的商业，合作已经成了一种重要模式。而合作的目的是共赢。当一方在做出应有的贡献却得不到合理的回报时，双方的合作就难以为继，要进行拆分，必然会造成两败俱伤。

随着直播卖货越来越火爆，很多内容创作者逐渐向直播带货转移，通过“内容＋直播带货”的模式来实现价值最大化。

我的一个朋友在抖音上有几百万粉丝，每周一至周五下午三点半都会有直播，分享育儿视频。他采用的就是“内容＋直播带货”的模式，在抖音上有一个店铺，在店铺里分享好物。这些好物都是他精挑细选的，一方面与他的直播内容直接相关，另一方面十分符合粉丝群体的需求。但是，他没有精力服务那么多粉丝，就将所有的粉丝分为10个群，将每个群的群主设为最活跃的用户，让这些群主来管理店铺。他为这些群主引流，这些群主为用户提供服务。双方互利合作，每个月能实现200万元的销售额。

超级用户思维最大的特点，就是擅用己长、善于分发。不管盈利链条有多长，每个人只在自己最擅长的领域，将其他的环节交给擅长的人来做，这样才可能创造 1+1 ＞ 10 的奇迹。

5.2.8　系统赋能：他来使用，你来研发

系统赋能，就是企业通过系统工具来为用户赋能的模式。比如分销模式，一件分销、一件代发，需要系统工具来完成操作。再如核销，企业要知道谁在卖、卖了多少、从哪里发货、离用户最近的储存中心在哪里等。

比如，一家建材厂商要在全国各地开专卖店，其中包括一些偏远的县城，为了能够在移动端下单、方便地查询库存，可以购买 SaaS 模式的 CRM 系统（一套客户服务管理系统）。有了这套系统，建材厂商就可以将门店迅速开到很多地方（只要是被移动互联网覆盖的地方都可以），还能节省很多开店的成本。目前，中国研发的 CRM 系统正在不断改进服务功能和提高操作效率，使这套系统更适合移动端，也更适合当前企业的需求。

系统服务主要针对的是技术领域，在 2010 年以前，中国企业的软件开发技能相对较弱，也存在着诸多管理问题，因此，大企业采用的企业管理系统工具都是国外的品牌。比如华为曾采用 Oracle 公司提供的 EBS。这套系统能使企业大大提高管理效率，而且支持灵活的二次开发，并有贴身现场服务，很受国内大企业的欢迎。

随着移动互联网的发展，如今国内的企业软件开发已经进

入繁荣阶段。最显著的体现是SaaS融资消息。SaaS是专门进行企业管理软件开发的科技赛道，是超越ERP系统的一种软件开发模式。传统的ERP系统是一套软件打天下。以华为应用过的EBS为例，太平洋保险、阿里巴巴、中国移动都是它的客户。但SaaS更有针对性，不同的行业有不同的管理流程，根据不同的工作场景提供有针对性的服务，使软件更趋于服务的特性。

2014年，中国SaaS赛道融资多达74起，是2013年的2.6倍；2015年，中国SaaS融资多达84起，融资金额将近40亿元。2015年，阿里巴巴还发布了钉钉。到2020年，线上办公已成为趋势，钉钉因为学校提供线上学习工具而成了一款广受欢迎的办公软件。2020年，国内SaaS融资达到了134起，融资总额达到了157亿元。由此可见，数字化办公已经成了趋势，科技和工具已经成了速度和效率的代名词。

总之，在互联网扁平化发展的今天，赋能已经成了一个常用词汇，企业必须打破传统的垂直管理理念，和超级用户做自由连接、网络连接，用“自己所长+所有人所长”整合更多资源、资金、技术、市场、管理、渠道、人才等。新企业在这样的资源整合和赋能下可以获得更快的增长，大品牌则可以进行更有效的创新，挖掘第二增长曲线。

第6章

所有会员都值得重做一遍

扫描二维码，
收看章节导读视频

会员[⊖]作为超级用户的一个常见细分角色，是企业2B2C尤其是2C切入的重要抓手，对于任何企业、任何行业来说都具有营销、传播、增长、决策等多维价值。只是传统会员体系是站在企业视角和消费者建立买卖关系，如今消费者需求升级，完善的会员体系需要站在用户视角，通过一系列举措更好地服务会员，进而帮助企业和消费者建立长期的友好互动关系。从这个角度来说，所有"会员"都值得重做一遍。

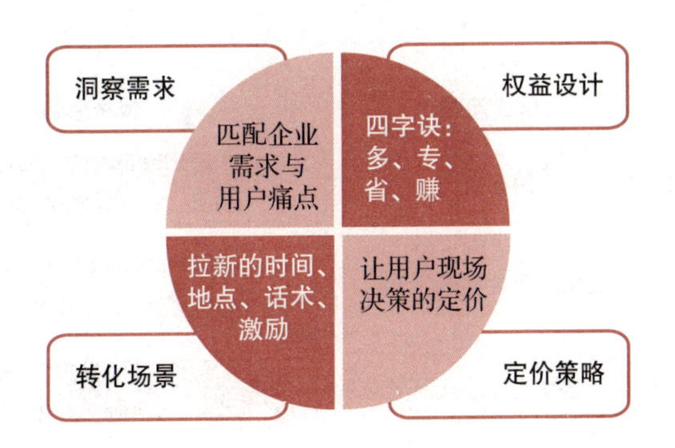

⊖ 这里的"会员"是一种超级用户形式，包含着会员服务、会员体系以及设计会员体系的商业思维。

6.1 传统会员为什么对用户没有吸引力

这是一个免费会员时代，每个人的钱包里、小程序中都会有各种会员卡，但是有多少用户用过，有多少用户多次使用的？相信这是一个让商家非常头疼的问题。在传统的会员模式下，企业与会员之间的黏性很低，复购和转介绍率也很低。

6.1.1 传统的会员模式

一般来说，传统会员有三种模式。

（1）积分会员

积分会员是最常见的会员模式。它的常规玩法，就是每发生一次购买都会产生相应的积分，达到一定积分后可以兑换某种商品。因为兑换的商品都有成本，所以要设置会员门槛。

这种会员模式虽然打着回报会员的旗号，但其实存在着诸多问题，如图 6-1 所示。

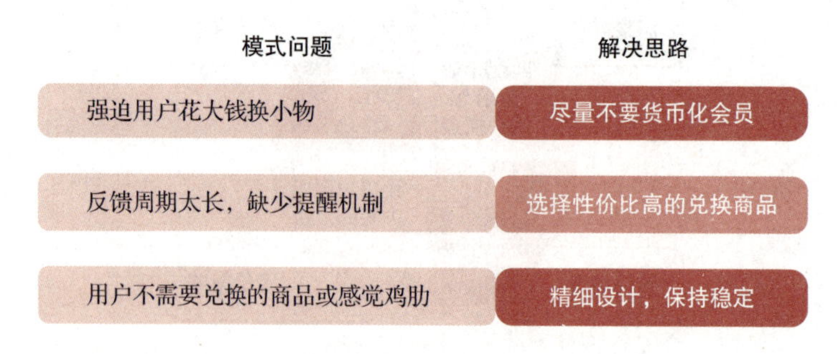

图 6-1 积分会员模式

第一，强迫用户花大钱换小物

积分会员的本质还是用户花大钱换小物，微利很难激起用户的购买欲望。

比如信用卡的积分模式是消费 20 元兑换 1 积分，20 积分换 1 元钱礼品，相当于用户每消费 100 元，得到 0.25 元。用户会自行脑补，我消费 100 万元，才能换一个扫地机器人，有几个人能在短时间内消费 100 万元？能消费 100 万元的用户还会对扫地机器人有欲望吗？

我常对企业里的朋友讲这样一句话：积分效果不好，不是因为积分这个玩法本身有问题，而是用户体验不好。

第二，反馈周期太长，缺少提醒机制

积分会员一般采取延迟回报的模式，比如以一年为回报期。因为回报是延迟的，用户无法立刻体验到获得感，而企业没有设置提醒机制，到了积分兑现时间用户早忘了积分那码事了。

眼下是快节奏时代，人的关注力极容易分散。作为企业，如果无法给用户行为以及时反馈，用户流失的可能性极高。

好的积分模式，应该像网络游戏的升级打怪一样。为什么网络游戏不会让人感到鸡肋？因为游戏对用户行为的反馈速度足够快。即便升级慢、难度高，像挤牙膏，但只要挤，用户就会获得反馈。注意，升级机制必须要设计得恰到好处，即用户不是那么容易得到，但只要付出努力，就会有收获。

航空公司和酒店会员体系是这样的：用户一旦成为会员，就能免费用 Wi-Fi，获得积分；积分获得实时反馈，积分进度非常快。比如东航，用户一年累计飞 40 次，就是金卡会员，享受贵宾休息室、优先登机的权益；一年累计飞 90 次的话，就是白金会员了，享受随时升级到头等舱的权益。

这种积分制不但反馈及时，而且能让用户体验到“进一寸有一寸的欢喜”。

第三，用户不需要兑换的商品或感觉鸡肋

企业在选择兑换商品时通常不用心，很少精准选出符合用户需求的商品。这样，兑换商品变成了鸡肋，积分对用户的刺激毫无作用。

以传统零售商为例，会员卡积分能换什么呢？袜子、锅、勺！有一年，我在某电视台生活栏目看到过这样的场景：一个消费者是某零售商的会员，因为长期大量购物，获得很多积分，但按照零售商的兑换规则，消费者能获得 100 多个同一品牌同一规格的锅，这对于消费者来说，只会产生浪费。经过电视台的协调，零售商最后同意为该消费者兑换一个大件商品。

这算是幸运的消费者了，没有电视台这个很有影响力的第三方协调，以往的零售商很难改变立场，更换兑换商品。

积分体系该如何设计才更有吸引力？

第一，尽量不要货币化会员

所谓货币化会员，就是和会员算账太细。账算得太不明白，

用户容易流失；账算得太明白，用户同样容易流失。所以，除非企业有把握像京东商城一样，将生态打造得特别好，否则积分一定不要货币化。

第二，选择性价比高的兑换商品

积分兑换的商品，最好的选择是企业能直接提供、标价很高成本却很低的商品，就是边际成本很低的商品。

对于企业来说，有很多成本低但市场上售价很高的产品，比如已经开发很久并收获了高利润回报的产品，开发成本低但价值很高的产品，特定时间有价值的产品。什么叫特定时间有价值？即某产品（资源）若能充分利用闲置时间，也能创造出超越原有价值的额外价值。我观察到一个现象，有太多儿童兴趣培训机构，周六日校区爆满，周一到周五则冷冷清清。很明显，工作日的场地被严重浪费掉了。所以，培训机构可以利用闲时的场地设计组合出实用的权益，这样更容易获得会员的认可。

第三，精细设计，保持稳定

积分是一个关键的会员体系，需要精细设计，并保持稳定的承诺框架。当然，为了不断激活沉睡的会员，企业可以不定期给予会员一些超越框架之外的惊喜，提高会员活跃度和黏性。

（2）注册会员

注册会员的门槛几乎为零，吸引的钩子一般是注册后可以领取优惠券。在实际操作中，很多用户被优惠券吸引进来，但领完就走，最终效果和公域流量没什么区别。会员和企业毫无关联，只是被企业训练成了“薅羊毛”的过客，毫无忠诚度可言。

世界上多家著名咨询公司，如埃森哲、艾司隆等，做过消费者忠诚度调查。调查结果显示，随着商品和平台的极大丰富，消费者的忠诚度越来越低，即使是偶尔对某个商品产生兴趣，如果商家没有后续的作为，消费者也很快就会将这点兴趣忘得一干二净。毕竟这是注意力经济时代——抢占消费者注意力是当前很多商家的重要思维方式。

注册会员是一种重要的会员模式。设计注册会员时，企业最需要注意的一点就是注册时间。注册是商家和用户进行连接的重要时间段，企业必须要在这一时间段内做如下两个动作。

第一，和用户建立连接。企业必须重视每一个会员，在注册会员时，有专人和用户打招呼，简单询问一些需要的信息。比如，猫咖会员可以询问对方的宠物，使用户产生被重视的感觉。

目前，很多企业与用户建立连接的模式还是短信或者微信公众号，其实可以尝试更多的新渠道，比如微信、社群等，更快捷地和用户建立连接。

第二，解释会员福利。会员福利解释要尽量简洁、明了，当然，前提是会员体系设计简洁、明了，让用户一秒内就知道自己能得到什么福利。会员福利设计得过于复杂，也容易错失用户。

（3）储值卡会员

储值卡会员，即先储值后消费，优势是能强化现金流。能使用这种模式的企业，通常都有大品牌做保障，或者有相对较大的优惠力度，吸引用户先储值再消费。

这种会员模式也存在着诸多问题。一方面，对于企业来说，储值的本质是债，先不论后续的消化问题，很多会员产品没有设计退费机制，导致用户后悔时没消费的钱取不出来，引发退费纠纷，使企业的信任度逐渐降低，对企业的品牌形象不利。另一方面，因为提前储值有较高的风险，一旦企业出现问题，会员的损失无法挽回，这种模式很难为用户建立安全感。比如，2021 年受政策影响，在线教育出现闭门潮，全国各地很多家长因为提前储值而损失惨重。现在政策法规在逐步完善，企业只有在工商备案后才可以办理储值卡。

当然，储值卡会员依然是一种可以实行的模式，只不过在当下，企业使用这种模式需要做两点改变。第一，根据企业情况，推行“免费会员 + 权益型会员”模式。中低频高价企业，比如高档餐厅，完全可以使用这种混合型会员模式，给用户选择的空间，在照顾用户情绪的基础上，给予相应的权益。第二，设计储值卡入门门槛时，不宜拍脑袋做决策，门槛太高，消费者决策成本高，办会员的意愿低，而门槛太低，意义不大，不能激励消费者复购，最好的方法是，结合顾客客单价和储值卡消化周期来确定。

总之，成为会员，企业既要设计入门门槛，同时门槛设置还要适度。用户付出的时间和金钱都可以作为门槛。重要的是，企业要让会员升级频繁，问题反馈及时，让用户当下获得的权益当下就能使用。

6.1.2 传统会员模式的根本问题

传统会员制度最根本的问题，是在企业视角下建立会员体系，即没有用户思维。会员和企业之间的连接始于消费，终于消费，中间没有加入任何消费以外的互动（见图 6-2）。

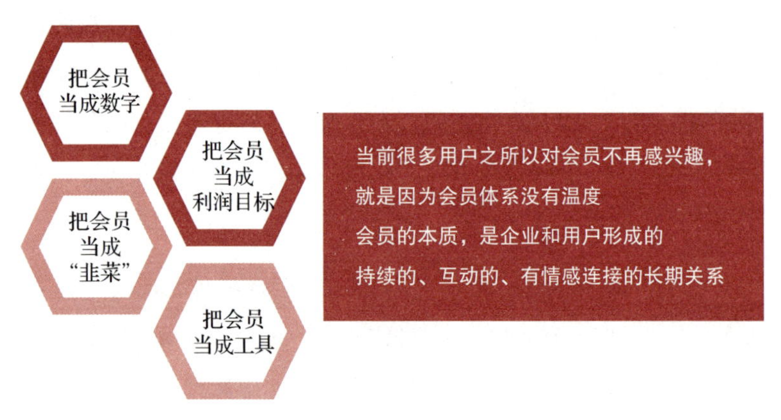

图 6-2　传统会员模式存在的问题

（1）把会员当成数字

很多企业与会员之间是拥有联系方式的关系，即会员只是停留在企业客户数据列表中的数字。企业和会员之间没有互动，即企业不会真正站在会员的角度考虑会员的需求，消费者也不能真正理解企业做产品的动能所在，彼此之间摆脱不了买卖关系。

即使是以服务著称的海底捞、拥有强大粉丝群的名创优品、会员卡使用率较高的零售商超，在没有建立直接、便捷的互动之前，会员的贡献也是完全凭借产品和服务端驱动来实现。会员只有购物需求，对企业没有热情，表现在会员体系上是有储值无裂变，有积分无活跃，有用户无复购，有产品缺客户。

（2）把会员当成利润目标

很多企业虽然有会员服务体系，但将会员当成利润目标，没有会员管理，只有营销策略，比如一些化妆品、零售、餐饮、移动服务商等，在新商品上市时会给会员发短信、给VIP寄新品宣传册，但因为没有互动，营销成本高，转化率很低。会员服务反而成为企业的成本负担，对企业的增长和发展毫无意义。

（3）把会员当成“韭菜”

商家的目标是盈利，这毋庸置疑，但直接将会员当成“韭菜”收割，只会受到反噬。

F公司提供快递存放服务，在免费服务阶段，迅速在全国各地铺展开。2020年，F公司推出了超时收费服务，虽然收费金额很少，但还是受到了大量用户的质疑。引发了大部分用户的不满。

这种把会员当成“韭菜”的态度，很容易破坏用户的消费情感和信任感，在产品极大丰富的今天，也是企业增长路上最大的败笔。

（4）把会员当成工具

超级用户具有裂变、运营、渠道等多种功能，能为企业拉新、促活。一些企业认识到了超级用户的价值，通过增加用户体验等模式，使用户获得使用快感，并采用利益驱动等模式，让会员帮助企业做裂变。但其利益驱动只有红包模式，没有充足的权益，也没有建立完善的会员周期管理体系。企业看似转变了思维，能以服务用户为目标，但服务不够，管理不完善，导致超级用户无法获得更好的利益回报和成长，就会消费用户的感情，难以建立信任感，也不利于长久关系的建立。

当前，很多用户之所以对会员不再忠诚，就是因为会员体系没有温度。会员的本质是企业和用户形成的持续的、互动的、有情感连接的长期关系。会员和企业之间这种良好关系的根本，应该是互相信任、互助互利。企业能真正深入调研消费者的需求，并通过一定的行动来满足需求，做到连接有温度，行动有可信度，这样会员才会有回应。

真正优秀的会员体系已经不只是营销手段，而是上升为一种战略思维。企业通过打造会员体系来打造企业的基因。企业的各个部门、各个员工都有用户思维、会员思维，从上到下的战略部署、从项目到项目的执行环节，都要贯穿会员思维。

6.1.3 对付费订阅模式的思考

在传统会员模式中，大多数商家采取的是免费模式，无门槛注册，或者达到某个消费值就能成为会员。但也有一些企业别出心裁，采用了付费模式，比如亚马逊、奈飞采用让消费者付费订阅来成为企业会员的模式。这种付费模式成了企业增长的重要模式，为什么呢？

（1）用户凭什么愿意付费

奈飞和亚马逊凭什么获得增长呢？其实，这两家企业推出付费会员的基础，就是能给用户提供增值服务。奈飞提供的是无邮费、无逾期、无手续费的“三无”服务，并且有超低的租赁价格。亚马逊也一样，承诺 2 日免费配送。在当时的美国，配送成本很高，无邮费和免费配送听起来商家很吃亏，尤其是 2 日免费配送，几乎是一个不可能完成的任务。

所有人都有占便宜的心理，如果一张会员卡付出 10 元，却能带来 100 元的收益，那谁不愿意付费呢？

（2）付费模式带来的报复性消费

《黄生借书说》中有一句话：“书非借不能读也。”这是说人们有一种心理，自己买的书束之高阁，反正以后有时间去看，而借的书因为要归还，一定会马上去读完。付费模式也一样，不付费不会心动，付费了就会心疼，不由自主要去关注付费的产品，且对于专门推送给会员的免费内容会格外关注，同时还会产生报复性消费。

（3）付费会得到更多维度的服务

付费只是服务的开始。为了能促进用户持续复购，企业必须持续不断地为用户提供更多的服务。以亚马逊为例，它还推出了无限量的云存储空间、电子书借阅、原创剧集等多种服务体验，使用户停留在亚马逊的时间更长，复购率也更高。调研机构 CIRP 的数据显示，亚马逊用户在首年订阅后，复购率能高达 85%，由此可见这种付费会员对用户的吸引力。

当前，会员模式有了全新的玩法，即企业站在用户视角给予会员更多的权益，并利用内容等营销手段，延长用户的关注时间，使用户使用产品或者服务成为一种习惯。

6.2 如何打造一款优秀的会员产品

“在座咨询”为很多企业做过会员的咨询与研究，并帮助它们重新搭建了会员体系。比如，为红星美凯龙打造的试点会员产品，单店 3 个月吸引到 3000 名消费者，复购率提升了 1 倍多。这说明会员作为营销手段没有问题，不会设计才是问题！那么，如何打造一款优秀的会员产品呢？

6.2.1 会员体系的新玩法

下面通过几个行业案例探讨会员体系的新玩法、新思路。这几个行业既传统又特别注重用户运营。

（1）花店

花店的最大特色是输出美。这是一个爱美的时代，因此花店不缺人气，只是 10 人进店，其中 8 人拍照、2 人买单，转化率仅为 20%。那么，如何提升转化率？我们可以设计一张 128 元幸福卡，用户可挑 4 个节日，由店家定制花束同时提供同城上门送花服务，这样可让用户为提升幸福感而买单。用户买卡后将其拉入社群运营。当体验一次后，用户的幸福感会提升，自然就会复购。

（2）航空

如果你经常出差，应该对国航的知音俱乐部、海航的金鹏俱乐部、南航的明珠俱乐部以及东航的东方万里行十分熟悉。从定义会员角度看，我们恐怕难以找出第二个行业能超越航空公司的。

第一，会员画像清晰、全面、精准至极

出于航空出行的特殊性，航空公司对顾客除姓名、电话、性别、证件号外，首次飞行记录、飞行航段、飞行频次、舱位、偏好位置、购买机票平均折扣等信息都有详细的记录。在大数据描摹下，会员画像十分清晰、全面、精准。

第二，高水准维护

航空公司将飞行频次高、乘坐舱位等级高的会员定位为高价值会员，哪怕该会员持的是普通卡，也会对这群高价值会员进行重点维护，具体做法是给予对应身份的特殊权益，包含免费升舱、贵宾休息室、超重行李免费托运、积分升舱等。

（3）酒店

酒店业和航空业一样，以服务为核心输出价值，会员服务非常全面，有完善的会员积分体系和升级机制，在升级机制中较好地使用了异业联盟。

以喜达屋为例，金卡会员只要一年内在其旗下任意酒店住 25 次，就可升级为白金卡会员。白金卡会员权益内容包括：免费升级房间权益，能延迟退房；积分加速；通过异业联盟，白金会员可以自动获得东航银卡会员身份，享有优先登机、优先值机、超重行李免费托运、使用候机贵宾厅等权益；两家会员积分还能同步累积。

这里有几点设计比较巧妙，如图 6-3 所示。

图 6-3　喜达屋会员巧妙设计

第一，异业联盟

酒店和航空业的高价值客户（会员）高度重合，都是经常出差的商务人士。所以，彼此自然是异业联盟的不二人选。

第二，升级制度

喜达屋会员升级制度所关联的入住计算逻辑，是“办理入住 + 办理离店”算一次入住，同一家店连续入住，不论几晚，都只算一次。对于用户来说，利益最大化的最好做法是更换旗下不同的酒店，每家只住一晚。喜达屋旗下的酒店品牌很多，如瑞吉、威斯汀、喜来登、雅乐轩、福朋、W 酒店等，每个品牌的服务都很优质，用户体验很好，所以用户频繁更换酒店。而对于企业来说，这大大推动了旗下多家品牌酒店的运营。

白金卡会员只要连续保持 10 年该身份，就可加入终身俱乐部，获得超级金卡；超级金卡会员一年住满 50 晚，就可升级为超级白金卡会员。超级白金卡会员的权益更高，可以住套房、户外有游泳池等。

超级白金卡会员的忠诚度和黏性非常高，中途更换酒店是家常便饭，而用户之间还分享更换攻略，如北京的喜来登和雅乐轩相隔很近，最方便更换。

喜达屋酒店会员体系有点像团购契约，相互签订长期的合作契约，用户在企业这里消费，企业给予用户较高的权益。权益越具有诱惑力，用户的黏性和忠诚度就越高。

第三，服务真正的会员

酒店和航空公司的消费模式非常类似，比较特别的一点是：使用者和付费者一般不是同一人——员工出差，公司付费。这就引发我们的思考：使用的人和付费的人，到底谁才真正是企业的会员？

下结论前，我们先梳理一下问题的本质。员工更在乎体验，而公司只关注价格。员工会为了超凡的体验而留下，公司则会因为稍高的价格而离开。所以，结论是：公司不是会员，员工才是会员。

航空业和酒店做的最重要的事之一，就是把员工，即使用产品者，当成自己的会员经营。这样，员工就会在公司差旅标准内把体验而不是价格作为第一决策要素。可以说，所有企业的优质会员对价格相对不敏感。

找到真正的会员这点非常有借鉴意义。当前，很多企业的产品使用者和付费者不是同一个人，如泛儿童教育、出国留学机构等，孩子是使用者，父母是付费者，孩子会为超凡的体验留下，而父母会因为稍高的价格而离开。但父母和孩子的关系与企业和员工的关系不同：企业很少迁就员工，但父母容易屈服于孩子。如果孩子喜欢机构的老师或者课程，哪怕价格很高，父母也会愿意为孩子的选择买单。因此，企业必须把孩子当作会员来经营。

思维再继续展开一些，很多企业，如办公协作软件、办公用品供应商，认为符合一个个 C 端需求太麻烦，如果将产品批量销售给 B 端，投入产出比就会翻倍。这个思路很对，其实酒店、航空公司也有很多企业会员。但其实真正的会员还是 C 端。为了更好地拓展用户，不妨先集中精力让一个企业里最有话语权的员工成为自己的会员，当这样的会员占一定比例后，再去发展 B 端，过程比直接将企业当成用户去转化更为顺滑、自然。

6.2.2 打造会员产品四要素

2021 年，我帮红星美凯龙门店重做会员体系，通过会员的产品设计、会员的运营与服务、会员的组织与系统赋能而展开设计了一整套方案。试点门店应用该方案，在 3 个月内获得了 3000 多名新会员，同时根据社群运营反馈来看，顾客对发布信息的关注度显著提升，活跃度和转化率也显著改善。最终在红星美凯龙、入驻商家、在座咨询三方合力之下，门店的会员复购率翻了 1 倍多。下面以红星美凯龙为例，介绍一下打造会员产品的四要素。

(1) 洞察需求

在设计会员产品前，我们通常会先诊断后洞察再重建。

会员需求分显性和隐性两方面。显性需求偏向物质利益侧，可直接获得且可量化，如折扣、返券、会员价等。隐性需求偏向感知侧，可间接获得且不易量化，如积分、异业权益、餐饮健康知识、做菜方法等。

显性需求设计的核心是“让会员得到明显的价值”。隐性需求设计的核心是“让会员感觉用得上”。

洞察需求就是针对用户的显性和隐性需求、使用场景定位会员产品。如果是平台型会员，我们除了洞察企业和用户需求外，还必须洞察入驻商家的需求，这点非常关键。这里的平台指为买卖双方提供平台的企业。最具代表性的平台型会员，就是购物中心和电商平台。它们一端连接商铺（小 B），一端连接顾客，一般不提供商品，很多也没有收银台，通过商铺间接服务顾客，只提供物理空间。所以，其必须同时调动商铺和自身资源，才能最大限度地发挥会员产品价值，达到提高复购率和转化率的目的。

我们在为红星美凯龙商场搭建会员体系时，就做了平台（商场）、顾客和商家（入驻店铺）三个需求项调查。

对于顾客，我们将其按年龄层分为 3 个群体进行调查，对每一个层次尽可能细化调查问题，最后得出结论：顾客的显性需求为品牌大促最低价、折上折，隐性需求为保洁服务、装修后的彻底大扫除、停车位。

对于平台，通过一系列调查问卷我们发现它们的需求为：对社群运营有意识、有积累、有探索，但需要重新系统化梳理打法与思路，以提升效率。具体包括4个方面。

1）现有会员权益的吸引力有优化空间，需要进行重新设计。

2）需要充分整合平台与商铺资源，提升二者价值。

3）对社群活跃度和转化率感觉不够理想，需要优化。

4）家装类社群运营顺序是先品类后品牌，这点基于顾客到店后的习惯和行为。因此品类群的运营至关重要，直接关系到转化率。

对于商家，即入驻红星美凯龙商场的商铺，它们的需求如下。

1）需要平台支持，引入精准且优质的流量。

2）大促期间，需要平台统一节奏、步调，提供让利补贴等方面的支持。

3）乐于共创会员权益，愿意提供折扣支持及会员宣传与转化支持。

通过梳理，我们找到了各个关系的痛点，综合三方的需求，为制作新会员体系做准备。

（2）权益设计

权益设计即不同权益组合成主权益和增值权益来呈现，方法有四字诀——多、专、省、赚。下面具体介绍。

根据企鹅智酷的数据，66.8%的用户办理会员有两个主要原因：一是享受会员价；二是享受积分兑换福利，包含一些会员专属服务。这也符合我一直强调的“多、专、省、赚”四大权益设计原则。所以，企业必须重点考虑如何在会员价格、福利与服务上下功夫。

（3）转化场景

转化场景，就是拉新场景。我们一定要将这几个问题弄清楚：什么时间，什么场合，面对哪些人员，采用怎样的话术。

还以红星美凯龙为例，我们设计的拉新场景包括 3 点。

1）饱和式攻击：微信群 1 对 1 转化，线下商场直接触达转化，电销转化，铺设线下专卖展台转化，周边及住宅小区地推转化。

2）饱和式宣传：红星美凯龙商城，周边小区，星管家商家门店，社群朋友圈。

3）临门一脚：注册即送代金券和精美小礼物。

在话术方面，我们在电话、短信、微信等方面运用了技巧。以微信触达为例，内容如下：

尊敬的 PLUS 会员您好，您加入我们专属会员社群了吗？在会员社群可以享受以下权益：①每日红包互动；②专属爆款产品，比如原价 ×× 元、现价 399 元的芝华仕沙发，原价 ×× 元、现价 999 元的智能锁等；③商场优惠活动优先享受；④装修知识分享；⑤与商户店长直接沟通。请不要担心广告噢，我们在群里只提供有价值的内容。

这种话术的主旨在于提升用户对会员卡的价值认知。很多企业对会员卡权益、给予用户利益点的解读不够清晰，导致用户忽略会员卡。话术可以定为统一格式，以提升服务的温度为准则，为进一步增强平台黏性做准备，通过后续不断的价值输出，提高复购率。

（4）定价策略

定价策略解决的是以下几个问题：是否收费，收费的话，怎么收费，要不要盈利。在定价策略中，免费不等于没有门槛，用户一定要有动作，比如转发、分享、转介绍等。

在重做红星美凯龙会员体系时，我们为了重塑商家、平台、顾客三者的关系，设计了星管家、PLUS会员卡两个会员产品，前者为商家店铺服务，后者为顾客服务，最后达成店铺、平台、顾客三者相互赋能的效果。

以为顾客服务的PLUS会员卡为例，我们采取的定价策略为98元/年。这样设置的依据包括两点：

1）利用“占便宜”心理，让顾客购买前自行脑补回本周期。

2）适当的门槛，过滤精准顾客。以低价格，让决策周期变短，实现会员产品转化率最大化。

关于定价，我们要考虑顾客的决策成本。肯德基大神卡设计为38元享90天优惠，算下来，一年其实是160元。160元相对38元，有点超出顾客的想象，但38元对顾客来说就很容易做决策，因此转化率较高。我们在给红星美凯龙做会员定价策略时就是尽量降低顾客的决策成本，38元，随便买一点小物品就可以赚回来。

在新营销环境下，做会员体系的本质就是深度挖掘用户价值。企业需要改变原来卖产品的思维，关注人本身，不做任何让人不舒服的推销动作，使会员买产品完全出于自愿。只有站在用户视角设计会员体系，企业才能提高用户留存率，增强用户黏性。

6.3　如何设计会员的权益体系

权益体系是会员体系设计的关键。好的会员权益设计，必须满足绝大多数用户的需求，包括显性和隐性需求。关于权益设计，我总结了四字诀：多、专、省、赚（见图 6-4）。

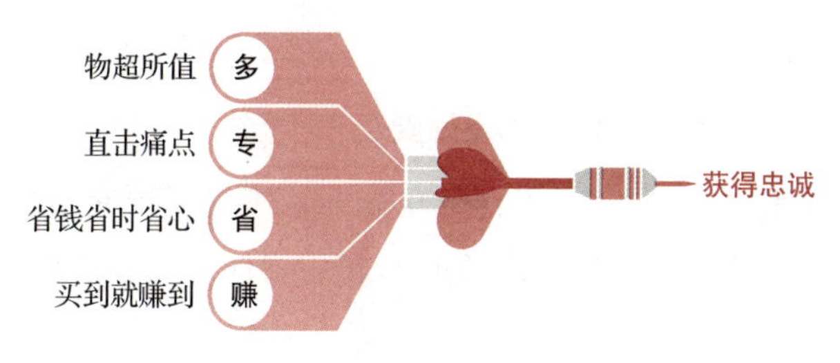

图 6-4　如何设计会员的权益体系

6.3.1　“多”字诀

同样的付出，收获自然是越多越好，这就是“多”字诀的奥义。

（1）多种权益

“多”字诀其实针对的是视觉问题。视觉冲击多个场景，用户不一定记得住，但会感受到平台的诚意。异业联盟的体现也在于此。

红星美凯龙 PLUS 会员的基础权益为：每天累计 3 小时商场

免费停车；每年1次上门保洁服务；每年1次家倍得知名设计师定制款家装设计；购买会员时可得一款精美礼品；VIP专属会员服务，即一对一投诉热线、专属设计师服务、专属产品讲解服务。

红星美凯龙PLUS会员的增值权益为：商场部分商户商品折扣（8.9折）；商场内400多家商户的爆款产品折扣（6折或7折）；商场内“618活动”“双11”大促活动的折上折优惠（活动后8.9折）；个人商场全年销售额的2%返现福利。

多种权益组合让用户感觉无论如何都能享受到服务，自然会感觉非常超值。

（2）平台型会员权益的设计要点

相对来说，平台比非平台更容易设计“多”字诀的会员体系。平台型企业利用“多”字诀设计会员权益时，要注意以下3点（见图6-5）。

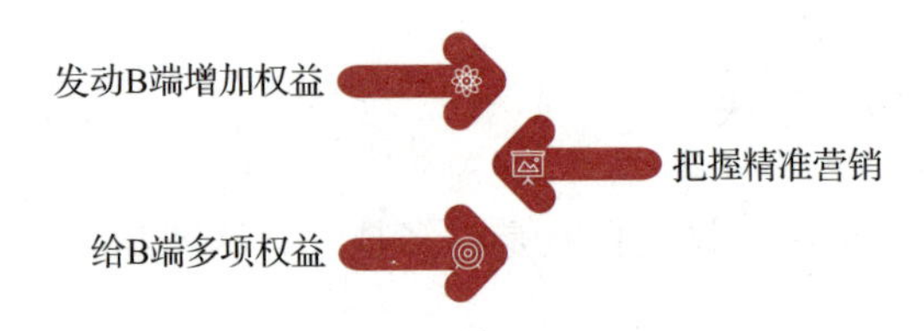

图6-5　平台型会员权益的设计要点

第一，发动B端增加权益

平台型企业在设计C端会员权益时，一定要学会发动B端，只有调动店铺资源，才能将购物中心价值最大化。作为平台，首先要有足够有吸引力的品牌和品类；其次，C端会员权益供给的门店要足够多。这样，购买会员的用户才够多，对门店的赋能也才足够大，后续才能足够刺激各品类群的运营，有效提升群的活跃度和转化率，再吸引更多门店加入。这是一个正循环。

比如，我们前面介绍的招商银行金卡会员理念：他人的会员就是招行的会员。这种打通自己与他人会员权益的做法，非常值得其他企业学习。平台打通门店权益，把入驻门店的权益整合，使得平台用户同时也是平台和平台所有门店的会员，让用户享受多项权益，这是一种省时、省力的异业联盟，对用户的吸引力足以提升会员复购率和转化率。

第二，给 B 端多项权益

平台和入驻商户也是相互赋能的关系。平台不能只做 C 端会员，还要能做 B 端会员。设计会员权益前，平台同样需要洞察门店的核心需求。

我将其归纳为 5 点（见图 6-6）：异业联盟，门店有导流需求；运营培训，面对不断变化的商业环境，门店有自我提升需求；费用补贴，门店需要平台提供满减券补贴；公共空间，门店需要平台提供公共空间以举办活动；门店选址，门店有拓展店铺的需求，平台可以给予优先选址的特权。

对应到落地行为，平台可以制作运营课程、设计公共空间支持政策、提供平台补贴和异业合作券、提供门店免费使用的直播间等。这些是一套组合拳，可以让 B 端店铺同时享受多种权益。这些权益的本质是对门店赋能，包括转化赋能、空间赋能、运营赋能、资源赋能、异业赋能、用户赋能、系统赋能。

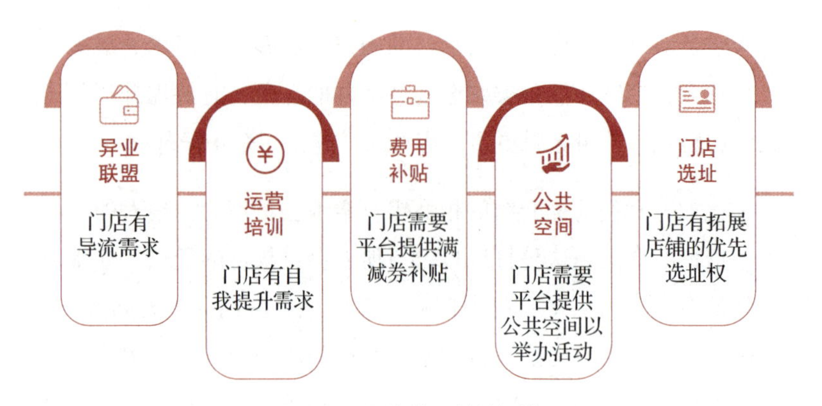

图 6-6　平台给 B 端的权益

这里需要注意，为商铺引流可以不收费，而加入会员一定要收费。收费是门槛，更是筛选手段，只为选出核心商铺。

异业联盟的本质就是对商家的赋能和运营，先让商家参与到购物中心会员权益供给中，再充分利用公共空间，以便共同构成购物中心会员产品全貌。

第三，把握精准营销

所谓把握精准营销，就是将多种权益在合适的时间、合适的地点，向合适的人进行推荐，使供求双方快速找到对方，达成消费。

平台可以针对不同时间点采取不同的营销方向。比如，在中午和晚上饭点，集中为会员推送餐饮门店的优惠券；晚上饭点过后，集中推送观影券；在不同季节，推送当季饮品或应季的瓜果蔬菜券；针对不同年龄层和性别的会员的不同喜好，集中推送该群体倾向的品牌门店购物券。

这样，平台所有的门店都有了信息输出时间，而用户在任何时间段都能感受到平台的诚意，自然愿意在平台上娱乐、购物等。

当然，在实际操作中，平台也要结合广撒网的笨招数，特别是在不能准确认定用户时，需要广泛宣传，然后根据用户反馈，建立递进筛选数据库，完成精细化运营。

6.3.2 “专”字诀

所谓专，就是权益直击痛点，明确、清晰，让顾客记得住。在红星美凯龙的会员卡权益中，免费停车、上门保洁、定制家装设计以及专业服务等，都是我们前期在做需求调查时得出的结论。设计时用词直切这几个痛点，让用户觉得他的确需要。

以西贝会员为例，西贝在 2018 年 1 月推出了 VIP 会员权益。权益内容为：普通会员只要缴纳 299 元就可升级为 VIP 会员，VIP 会员享受菜品会员价，每消费 20 元赠送 1 元到店红包，下次到店就餐可直接抵现，享受 60 元生日礼券，同时享受西贝甄选商城商品特权和其他西贝服务特权，自购买之日起一年内有效。

这个权益设计不够清晰、明确，到店优惠券和线上商城券分别指向两个场景：到店、到家。设计 VIP 会员的目的，到底是提高复购率还是到店率，抑或本身就是为了增加营收？很显然，西贝在设计之前没有想清楚。而且，不论是哪个场景的权益，对用户都不太具有吸引力。

会员权益设计不够清晰的原因，主要是没有根据自身定位来提前评估需求。

西贝卖的是食材和烹饪，目标群体对品质要求较高，定位并不是大众平价餐厅，定价策略是根据目标人群来确定可接受的区间，在这个区间上下浮动。会员主权益设计也应该绕开不痛不痒的优惠，集中资源在提升会员的身份感和体验上，也就是集中在服务上，比如设计更多有吸引力的专享菜品，打造“专属用餐区”等。这样明晰的权益方向，有助于西贝提升品牌影响力，留住目标用户，提高用户的黏性。

当然，西贝也可以设计优惠券，但要将其作为附属权益，比如可以选择在客流最少的一天办会员日，吸引会员到店，会员日当天，会员专享菜品的折扣力度可以大一些。这样的设计，除了能提升复购率，还多了为非会员展示品牌的机会。另外，还可以增加附属权益，比如，“协助照看宝宝”“提供免费茶水湿巾”等。

6.3.3 “省”字诀

“省”包括三点：省钱、省时间、省心。

这里简单介绍一个营销理论——用户让渡价值，这是由美国著名营销专家菲利普·科特勒在1996年提出来的。用户在众多品牌中选择产品（或服务）时，看的不光是产品（或服务）的价格差，还有其用户让渡价值。用户让渡价值等于用户总价值减去用户总成本，用户总价值包括产品价值、服务价值、人员价值和形象价值，用户总成本包括所耗费的时间成本、精神和体力成本以及所支付的货币成本。

为什么消费者喜欢去大型商超？因为那里品牌多、品类全，消费者可以一次性完成多个购物任务，节省购物成本。多种权益的设计是用利益驱动来影响超级用户，考虑的是超级用户对利益的预期。一卡有多种权益，本身就是省钱。省钱同样是利用利益驱动来影响超级用户的。省时间和省心则是通过专业人才对顾客的指导来实现的。

零售巨头 Costco 设计了会员准入门槛，非会员无法进场消费。相对地，Costco 也给了顾客几乎无法拒绝办理会员的理由。

1）在商品价格比市价低 10% ～ 20% 的基础上，货物品质有保障。定期推出大牌超值优惠，如爱马仕、茅台、五粮液、SK-Ⅱ等。

2）一人办卡全家共享，同时可以携带两个朋友。

3）饮料免费无限续杯，烤鸡、比萨等价格便宜并且量大。

4）顾客在会员卡有效期内可随时全款退。除特殊商品外都可以退货，且不限门店。

Costco 同时做到了定位清晰、权益吸引力足够、定价合理 3 个特色，把卖货利润缩减到维持运营的程度，靠会员付费赚钱，而产品优惠使会员复购率和到店率高得惊人。Costco 每年从每位用户手里稳稳赚走 299 元。

当然，“省”字诀不光要在会员权益中体现，在后期的社群运营中也要给予用户更多的权益，如专业知识介绍等，让用户觉得放心、省心。

6.3.4 “赚”字诀

“赚”字诀是“省”字诀的延伸，重点在于让顾客感觉超出预期，买了就赚，不买就亏，尽可能缩短顾客决策时间。

以京东为例，京东的会员体系十分丰富，包括京享值、PLUS会员、品牌会员和京东勋章，使用户感受到在这里购物，不但能享受高品质产品，还能享受高福利回报。其中，PLUS会员设计在省、赚方面表现最突出。

在购买页面，用户能看到购买后节省的金额，这足以使用户产生不买就亏了的感受。可见，打造一个高回报场景给用户，在转化上至关重要。

为了让更多用户产生“省就是赚”的心理，京东还将用户的多个消费场景、多重品类需求叠加在一起，不断强化这个特征，从而占领用户心智；在转化设计上，京东非常注重权益上的异业联盟——购买PLUS会员，就送主流影音平台年费会员一年等；PLUS会员可以同时反向赋能入驻的品牌与商家，尤其是打通的“PLUS会员价专区”，成为店铺营销的重要抓手。

PLUS会员不论用户质量、人均GMV都相当高，续费率则可以用惊人形容。京东同时搭建了多个渠道推销PLUS会员，如航空公司和银行的积分兑换、联名信用卡、企业团购等。

“赚”字诀的本质就是营造用户的高回报场景，企业可以根据具体的消费行为细节，从商品页面设计、品类叠加设计等多个方面，直接让用户产生买了就赚了的心理。

多、专、省、赚用好了，转化和复购不会有问题，因为这四字诀处处体现的是超级用户思维。

第一步，企业要站在会员的角度，深挖会员的痛点和需求，综合更多可利用的时间、空间和关系。

第二步，在一定的利润空间中，企业要让会员获得更多的权益，因为用户的权益多，企业才能有长久的收益。在多方关系中，享受会员方增加，可以深度挖掘给予会员的权益。当平台、商家和顾客之间通过融合，都能享受到权益时，三方都会愿意贡献自己的资源，这就是互相支持、互相成就。

第三步，以超级用户思维运营会员，重点是提高复购率。

以社群运营为例，企业在将会员拉进社群的每一步中都要做到标准化设计。对于主动进群的会员要细化到进群动作、会员进群文案；对于被动进群的会员要细化到添加会员动作、添加会员后文案。以美凯龙为例，会员进群文案如下。

欢迎入群，此群可以让您：

1）省钱。秒杀大额优惠券和停车券，还有精选和心仪商品打折大放送（商城和直播均有）。

2）省精力。每周星店优选品质商家进行直播介绍，探店直播帮你探索更多优质商家和品牌。

3）长知识。装修、家装知识分享。

4）长经验。购买和使用避坑指南、产品评测、会员购买和使用分享。如需到店，请提前联系我（星管家 –XXX)，我除了会和商家预约，还会进行最优推荐喔，说不定还有优惠券。另：请添加我，我给您发送往期干货哈！

注意事项依据实际情况可以加一项，如让用户适当进行自我介绍（比如是谁，做什么的，为什么在红星美凯龙购买产品）。

用户拉新是一门学问。当用户在你这里感受到超值体验后，他就会拉来更多的用户。所以针对会员，企业要给予更多的沟通与跟进。

如果你要去做高客单用户裂变，一定要先找到高客单的核心超级用户，根据利润体系设计裂变方案，让他操作简便的同时能和朋友都获益。

6.4 餐饮业如何做会员定位与权益设计

通常，我们认为：决定一家餐厅能否做好、做久的核心要素是“菜品 + 服务”。但在当前这个“酒香也怕巷子深”的时代，消费者需求升级，除了有享受美味、高级服务的需求外，还有其他需求，如社交需求。这些新需求使得餐饮业发展的核心要素增加，变成“菜品 + 服务 + 会员”。企业通过服务会员，让用户在新需求的驱动下，拍照进行广泛传播，以带来更多的流量。

6.4.1 会员定位

会员定位是会员招募及会员运营的基础，对会员体系搭建具有决定性作用。它根植于企业基因中。

很多企业没做会员定位，除了意识不够，还缺乏战略理念，在构建生意蓝图时，感觉谁的钱都想赚，谁的钱都能赚到，想来者不拒，多多益善。但它们在实际操作时发现，好像谁的钱都不好赚。其实，餐饮业本质上和其他行业没什么不同，没有一家餐厅可以满足所有食客的所有喜好。先通过定位赛道筛选顾客，再针对顾客的喜好迭代升级产品，是企业立足的基础。

（1）会员与企业的关系

进入移动互联网时代后，很多企业把粉丝当成会员，这是对会员的极大误解。所谓粉丝，是关注企业自媒体的人群，不是精准的消费者。企业和粉丝之间的关系是松散的、自由的，且无契约的，企业掌握的粉丝信息也非常有限。所以，粉丝的关注和离开成本很低。

企业对会员的信息掌握更全面，提供更好的服务让会员满意，会员则会为企业的产品与服务持续买单，甚至介绍同圈层的人加入，彼此是互相信任且持续的关系。

（2）为会员构建画像

为会员构建画像前，企业必须对会员的共性信息和个性信息做区分。所谓共性信息，包括电话、性别、年龄、生日、常驻地等。具体收集什么内容，企业应根据战略需求进行设计。仅有共性信息，不足以作为会员招募、分层、运营一系列活动的依据，还需要用到个性信息，这里详细介绍一下个性信息（见图 6-7）。

第一，两个重要因素

个性信息要结合两个重要因素：一个是企业所处赛道，即企业做的是火锅、烧烤、正餐、快餐还是下午茶，这决定了顾客的消费场景、消费频次与客单价；另一个是门店的分布和密度，这决定了会员消费轨迹与稳定度。

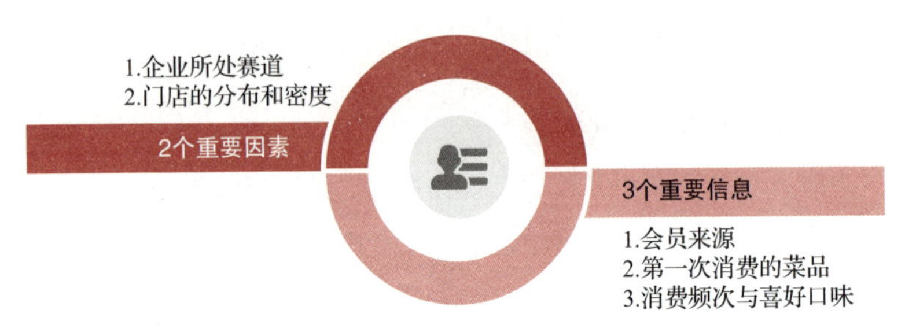

图 6-7　餐饮业如何为会员构建画像

第二，3 个重要信息

个性信息包含 3 个内容：会员来源，即获取渠道；第一次消费的菜品；消费频次与喜好口味。

1）会员来源。以来源给会员打第一个标签，是会员分层的第一步。通过来源，企业可以判断出不同渠道会员的质量、留存率、生命周期、消费习惯等诸多重要特征。来源能帮助企业判断会员注册的门店与习惯光顾的门店是否匹配，从而推断出会员的活动范围，校准会员信息，保证会员质量，同时，还能避免影响后续新会员的转化率和稳定性。

2）第一次消费的菜品。该信息对企业判断会员的转化是偶然还是必然，以及后续会员的二次激活具有重要意义。如果顾客第一次消费的菜品不是餐厅的主推菜、爆款菜，那么其转化的偶然性就相对较高。换言之，纯粹为薅羊毛的可能性更高。

3）消费频次与喜好口味。这是分层运营会员的重要依据。

（3）选择适合的会员产品类型

企业确定产品类型时，要结合企业的发展阶段、消费频次、客单价 3 个维度进行。以付费与否作为标准，产品类型可分 3 种：免费、付费、混合型。

下面我们以常见、亲民的火锅类餐厅为例，根据以下几个方面进行拆解。

火锅店的发展阶段分为初创（1～10 家店铺）、发展（11～50 家店铺）、成熟（超过 50 家店铺）。

火锅店用户的消费频次分为高频（大于 4 次 / 月）、中频（2～4 次 / 月）、低频（小于 2 次 / 月）。

火锅店客单价分为高单价（人均超过 100 元）、中单价（人均 70～100 元）、低单价（人均低于 70 元）。

将多个要素组合排序会衍生出诸多形态，归纳后如表 6-1 所示。

表 6-1　火锅店会员产品类型

会员类型	适合企业的阶段、频次和价位	备注
免费	初创型企业 + 高、中、低频次 + 中、低价位	尤其适合需要聚人气的个体店铺
付费	成熟型企业 + 中、低频次 + 高价位 初创型企业 + 高、中频 + 高价位	适合特色门店
混合	适合大多数餐饮企业	尤其适合发展型企业

在设计会员产品类型时，我们需要注意以下几个问题。

第一，分层多元化

不提倡企业只设计一种会员产品，那样不利于企业的发展。企业可以基于会员分层、把选择权交给顾客的原则，进行多元化设计。

第二，免费的不值得珍惜

免费、没有门槛的会员，不叫会员。现如今，消费者接触的各类免费会员的权益和普通用户的权益没什么区别。只做免费的会员意义不大。

第三，餐饮业不适合做单一付费会员模式

商务接待、婚庆宴请、低频高价类企业适合单一付费会员模式，但快餐、工作餐类企业不适合做这种模式，尤其是储值卡模式。不适合做“中、低价位＋高频次”的餐饮企业，更适合做次卡会员或 2B 型会员产品。

第四，大多数餐饮业适合混合型会员模式

混合型会员模式，即“免费＋付费”产品组合，这种类型适合绝大多数餐饮企业。这个模式必将成为行业未来的主流。其中，付费会员不局限于获得储值卡，还可以售卖权益，比如异业联盟的多项权益等。

6.4.2 会员权益设计

餐饮业会员权益的设计包括以下几方面。

（1）洞察会员和企业的需求

企业既要满足会员的显性需求，又要满足其隐性需求，所以会员权益整体看起来要多，虽不一定都能用到，但感觉超值。

参考会员体系的四大价值，结合企业当前阶段，匹配企业最核心需要解决的问题就是企业需求。企业为实现当前阶段的核心需求，应集中最优资源并将其转化为主推权益，最大限度地提升目标用户的转化率并增强用户的黏性。

（2）企业的供给要匹配会员的对等价值和需求

匹配，就是价值等量交换。会员行为中对企业贡献价值越高的部分，对应的权益价值必须越高。这里应注意周期限定技巧的使用。核心权益以周、月、季度为限时条件，这样可以避免价值感的缺失、制造稀缺性。

（3）隐藏在会员体系背后的目标务必明确

企业建立会员体系时，要根据具体的目标来设定权益。企业的目标可以分为几种，如图 6-8 所示。

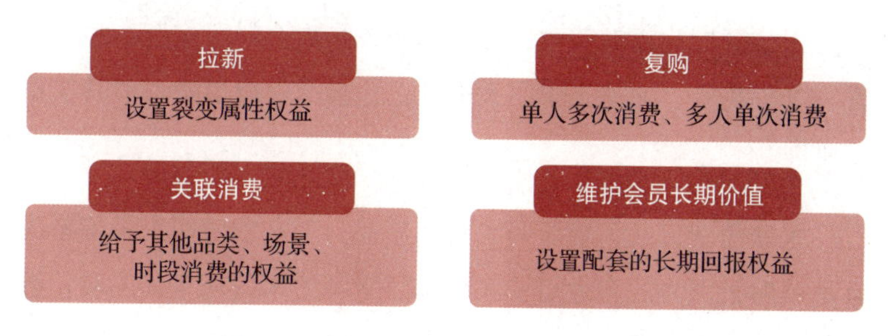

图 6-8　餐饮业要根据目标设计会员权益

第一，拉新

为了让会员帮助企业拉新，可以设置自带裂变属性的权益，如分享礼包、注册礼包、体验礼包等。其中，体验礼包实际效果更好，让顾客体验权益比员工描述要更加直观、有效。

需要注意的是，拉新权益的情感层面要多于利益层面。就算要设计物质利益，企业也最好给予老会员和新会员同等权益，以降低老会员的心理压力。

第二，复购

提高会员复购率的核心技巧在于给会员制造念想，不局限于单人多次购买，也可以是单次多人购买，或单人多件购买。

针对给会员制造念想，会员与普通消费者菜品差异化是一个好方法。

第三，关联消费

会员消费的同时，给予其他品类、场景、时段消费的权益。

很多餐厅为提升营收，摊薄房租，拓展全时段经营，加入早餐、下午茶等。除了菜单、人力外，让会员养成消费习惯其实更重要。

关联消费权益，核心是要将明星品打包在内。明星品价格应有足够的吸引力。企业需要在核算、平衡付出的成本的同时，测试关联品是否合理。

第四，维护会员长期价值

企业要延长会员的生命周期、不断挖掘其价值，就不能仅看眼下，还需要设计配套的长期回报权益。例如有的企业为维系会员关系，会提供全年 X 次霸王餐权益。会员变身为试吃员，不用为此权益付费，只需配合填写试吃问卷即可。

目前，这类权益业内不多见，可能与企业对会员长期回报的价值不够重视有关。餐饮会员体系的构建对重产品、重服务的行业，都具有相当高的参考价值。

总之，权益设计首先要明晰超级用户群体，再根据群体需求设计。各项权益设计要尽量简单、明确，不应该设置太多的门槛，以降低用户的决策成本，打动用户。

第7章

超级用户模式决胜未来

扫描二维码，
收看章节导读视频

对于已经创立品牌的企业来说，超级用户是企业在存量市场进行增量竞争的重要抓手；对于新兴企业来说，超级用户又是低成本快速增长的重要秘诀。超级用户已经不只是一种服务策略、商业思维，而是上升为一种新的商业模式。超级用户是企业品牌的超级拥护者和塑造者。企业通过运营超级用户，将其嵌入生产运营的各个环节，以高效实现持续创新和发展。

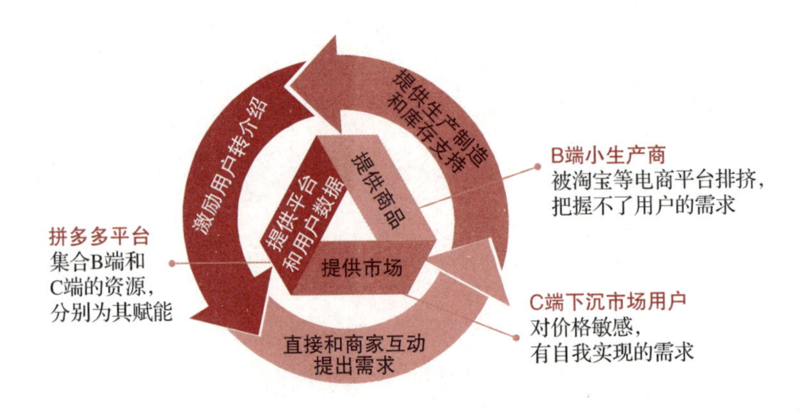

7.1　超级用户是一种商业模式

在互联网和高科技的加持下，超级用户从一开始的消费者、品牌的重度拥护者，逐渐转变为企业运营的参与者，并在参与运营的过程中，颠覆了传统企业的运营模式，形成一套完整而规范的新运营体系。

企业运用这套运营体系，可以准确发现风口，迅速进行品牌传播，在遇到危机时能够借力找到转机，在增长停滞不前时又能带动企业持续发展。对于企业来说，超级用户已经超越思维模式的定义，而成为一套能够创造价值、传递价值、获得价值的成熟的商业模式。

7.1.1　超级用户是传统战略模式的突破

任何一门生意，解决的无非是为何人，提供何物，创造何种价值，最后以何种方式换取等价物。所有的要素组合成的体系就是商业模式。其实，商业模式这一词汇主要是为了突破原有的商业战略框架而给出的一个概念。互联网和高科技彻底改变了传统企业的运营逻辑，使之变得更加灵活，有了更多的突破。

超级用户作为一套商业模式，首先改变的是企业原有的经营视角。传统企业的核心目标是盈利。企业集合各种资源、制定战略、使用各种战术实现盈利。其间任何一个运营环节的行为都不能违背企业自身利益这一核心目标，比如促销让利的目的依然是要提升自身的效益。

但超级用户模式完全是利他视角。为什么要利他？

很简单，在互联网环境里，连接已经变得比拥有更加重要。连接的不光是人，还有人所拥有的全部资源，包括人具有的开创性思维。超级用户作为企业全新的资源要素，可以在企业的任何运营环节发挥巨大的作用。和超级用户连接，企业必须要站在利他的视角满足他们的需求，才能让他们发自内心为企业服务，成为企业增长的重要驱动轮。也就是说，企业只有先利他，才能最终实现利己。

2021年“双11”之后，O公司受到了超过1万名用户的投诉，理由是虚假宣传，微博热搜多天。那么，到底发生了什么呢？

原来，O公司在微博就一款面膜承诺：给某主播“全年最大力度的优惠”——购买该款面膜（50片）后的价格为429元，但实际上，O公司官方给了更大的优惠。有消费者在使用各类优惠券计算后发现，这款面膜（50片）最后的价格为257元。

最近两年，头部主播的地位越来越高，拥有了超级议价能力。一些企业为了流量，不得不以超低价找头部主播做传播。因此，O公司一直在筹备自建直播渠道，这次没能和网络主播做协同销售，也在释放这个信号。但这种做法杀敌一千，自损一万，品牌形象在消费者心中大打折扣。

O公司之所以会犯这样的低级错误，主要原因还是其站在利己视角。为什么有很多品牌宁可不赚钱也要找头部主播合作？因为他们做的不光是销售，还是传播和推广。而在当前这个商业环境下，获得用户比盈利更重要。

用乔布斯的话说就是：思考如何为用户提供超越想象的好处和在哪里获得用户，比研究用什么产品来盈利更重要。这其实就是超级用户模式的精髓——站在用户视角，为用户服务。

在超级用户模式下，企业扮演的更像是刘邦的角色，位于至高之位，统筹全局，掌握的是多维度的资源，让更多有能力的超级用户在各个环节各显神通，并最终和超级用户一起享受盈利的盛宴。

7.1.2　超级用户商业模式拆解

从商业模式的角度看，我们需要认识到超级用户商业模式相对于传统模式的优势在哪里。

（1）超级用户模式的要素突破

一个全新的商业模式从用户类型、提供的价值、收益模式和竞争力方面都会有所改变，而且因为这些改变能使企业持续保持竞争优势。

全球著名的喜利得企业一开始是制造公司。为了维护重要的用户资源，该公司改成了服务型公司，以为建筑行业提供领先的技术和优质的产品为主。为了完成这个变革，该企业不再售卖技术和产品，将服务的对象从建筑现场使用工具的人变为做决策的建筑行业高层，因为他们会确定哪些建筑需要哪些工具、技术以及相关的服务。喜利得还根据工具、技术和服务确定了标准的收费模式。其实，这种方式的收费反而比售卖技术和产品更高，但用户喜欢，因为这种服务极有针对性，不会造成资源浪费。该公司的竞争也从原来的工具性能竞争，转为专业的工具管理体系、快捷的用户信息网络、面向对方高层的营销能力等多项能力的竞争。

超级用户模式同样能让企业在持续竞争中始终保持优势。不同行业的超级用户模式，或者在不同商业环节加入超级用户元素，都会有不同的运营要素要突破。

以拼多多为例，用户类型为C端的下沉市场用户、B端的被淘宝等电商平台排挤的中小型企业以及想倾销尾货的企业。下沉市场的用户对价格比较敏感；而中小型企业没有品牌优势，可以接受更低的售卖价格；倾销尾货的企业同理，为了回笼资金，能接受较低的销售价格。

拼多多为C端用户提供的价值，除了原有电商能提供的商品价值外，还有让用户通过简单易行的拼团动作获得的价值回报；为B端用户提供的是具体的用户需求（很多中小型企业因为无法把握需求而不知道生产什么）、稳定的售卖渠道和规模巨大的用户群落。

拼多多在盈利模式上产生了突破，比传统电商拥有较高的交易效率。这是因为价格低，缩短了用户做决策时间，而且砍一刀等行为能带动大量的同群落用户迅速进场，扩大了交易规模，也提高了交易速度。同时，因为C端用户追求低价、不奢求高品质，所以拼多多在物流和售后的成本上得到大幅缩减。

至于竞争力方面，拼多多在移动互联网高度普及的风口期，为有低价需求的用户提供了一种最好的性价比购物模式，而这种模式是通过拼多多平台、B端企业和C端用户同时推动的，缺一不可。在这一模式下，平台虽然是主导，但企业运营的主要驱动力来自超级用户。后来的企业即使走下沉市场、使用同样的策略，也已经失去了天时地利人和，难以成为第二个拼多多。

任何一种商业模式，都不只是简单的几个元素的组合，需要内部系统密切配合，整合统一，是一套复杂的工程。

但不管体系多么复杂，超级用户模式的底层逻辑就是连接。拼多多将自己的角色设定为平台，去连接有剩余资源的 B 端，和有较大需求的 C 端整合资源，为两方提供服务，在 B 端和 C 端都获得满足的基础上获利。

（2）C2M 模式

关于拼多多，人们常说的是 C2M，即用户直达制造商。它其实是 C2B 的进化。拼多多 B 端的企业缺乏考察用户市场的能力，难以明确用户的需求，但在拼多多平台上，哪里有需求哪里就是市场，再简单地说，哪里好售卖哪里就是市场。即使不用做大量的功课，即使平台没有提供相关的 B 端服务，这个简单的逻辑也足以让一些中小型企业生存下去。它们在能生存的前提下精准把握用户的需求，也就有了一个下沉爆发的市场。

C2M 是在 C2B 的基础上，提升为直接针对用户需求的精准服务，实现私人定制。这正是拼多多平台的价值所在。

拼多多要盈利，必须要站在 B 端和 C 端的视角看问题。为了让用户有更高的利润回报，拼多多会提供大量的流量支持，使 B 端的售卖成本更低、生产效率更高，以便为 C 端提供越来越丰富、更低价的产品。活跃的市场会创造更多的盈利机会。另外，拼多多也会为B端小商家赋能，助其构建智能物流网，通过人工智能拆解制造流程来提高效率、降低成本。

（3）S2B2C模式

C2M也只是商业模式进化过程中的一个阶段。当把超级用户作为一种完整的商业模式时，其最广泛的表现形式是S2B2C模式，其中S指的是平台，B指的是商家，C指的是用户。它的核心内涵是集中同类型的供货商，赋能可能的渠道商，共同服务于终端用户。

C2M的思路，使更多商家开始借助互联网构建全链路。网络连接和协同成了这一概念的主题。在此基础上，阿里巴巴总参谋长曾鸣提出了S2B的概念。其中S是指集合更多供应链的平台，以服务B端商家；B端服务的终极目标是C端用户，为了形成合力，最终构建了S2B2C模式。

这种模式可以使资源更加集中，充分利用闲置资源，有效地将超级用户的价值添加到企业的各个运营环节中。三方之间的关系会越来越紧密，越来越平等，即S端不是管理者，B端不是供应者，C端也不是“韭菜”，三方是相互协作的关系，任何一端都可以为另外两端赋能。

以C端为B端和S端赋能为例。若B端的设计能力较弱，C端就可以在预售过程中参与设计；若S端的营销力度不够，C端就可以通过转介绍为其带来更多的用户群落。

以S端对B端赋能为例，S端不再只是一个集中的销售渠道，它要为B端赋能，包括数据、服务、质检、资源集中采购、SaaS工具等。当然，行业不同，赋能模式不同。

还以肆拾玖坊为例。传统白酒的运营打法是集中攻略经销商，通过经销商铺货，再售卖给终端用户。但肆拾玖坊采取的是 S2B2C 模式（见图 7-1），即将企业打造成一个平台经济，品牌认知首先攻略的是重度爱酒的创业者或者中小型企业管理者。也就是说，B 端用户首先是 C 端的直接消费者，然后才是中间代理商。他们懂酒、爱酒、喜欢将好酒传播给更多的人，具有较强的商业驱动力。

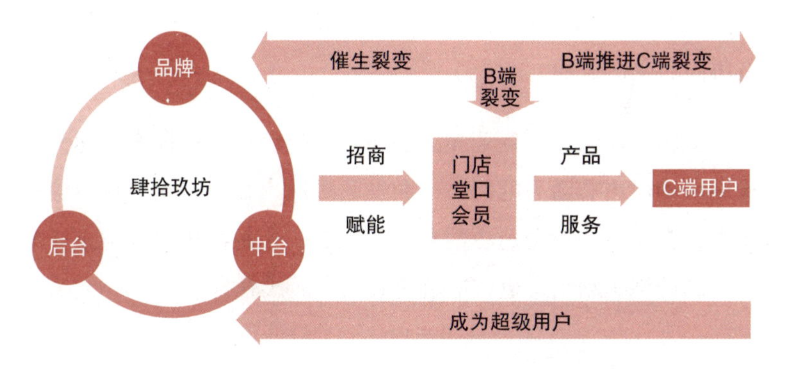

图 7-1　肆拾玖坊 S2B2C 超级用户商业模式

同时，肆拾玖坊对 B 端赋能很多，比如传授 B 端如何开店铺、选址、设计门店、装修、找到自己的第一批原始用户、增强用户体验、转化等经验。肆拾玖坊将一整套成熟的运营标准输送给 B 端，且不忘 C 端，在和 C 端互动的同时，不断增强用户体验，提高用户对肆拾玖坊的忠诚度。

S2B2C 模式的最大特色不是赋能，而是因为赋能形成一个巨大的协同网络，使任何点到点的关联度都很高、任何网络中的个体在整个网络中的参与度都较高。网络的能量超越任何线式连接，这使得商业价值呈爆发式增长成为可能。而网络要发挥更大的价值就必须要让协作更通畅，让各方都能找到利益最大化的合作模式。这就是平台的价值。平台是整个网络的基础架构者，也是资源整合能量的储存和激发者。

这也就是我为什么一直强调要站在用户视角，因为任何交易思维、企业视角，带来的都可能是网络连接的断裂。S 端的格局越大，协同能力越强，为其他端创造更多的赋能和收益，才会有更大的爆发力和持久的发展力。因此，S 端的盈利模式是整个网络协同共赢形成的。

这正是超级用户商业模式超越以往传统模式的地方，即为超级用户构建更有活力的网络，激发超级用户在网络里寻找资源的动力，为超级用户创造更能获利的机会，让超级用户成为企业最有力的网络驱动轮，通过成就超级用户而成就自己。

7.2 超级用户对未来商业社会的影响

超级用户在未来商业社会中有 3 方面贡献价值，如图 7-2 所示。

图 7-2　超级用户对未来商业社会的影响

7.2.1　超级用户能提升企业的品牌力

超级用户对企业持续提升品牌力具有非常重要的作用。一方面，超级用户是品牌或者某类产品的重度拥护者，会持续和品牌进行互动；另一方面，超级用户是消费者，他们知晓消费者的需求，能及时发现消费者的新消费动向。

启用超级用户商业模式有助于企业发现风口，不断进行商业突破和变革，遇到危机时化解危机，停滞不前时又能持续发展。

我的一个朋友家里原来开着一间运动鞋代工厂，父辈时代订单很多，但随着新消费时代来临，订单大幅下滑。他筹划着转型，并成功创建了自己的运动鞋品牌，但开拓市场遇到了瓶颈。这时，他遇到了一个对他助益特别大的超级用户——一名设计师，有国外时尚公司工作经历。他们原来是合作者，我朋友曾经为设计师代工，设计师对工厂极度信任。在国货潮兴起阶段，设计师回国，准备开创自己的国货品牌。于是，他找到了我朋友，双方一拍即合，建立了战略合作关系，并重新设计了品牌战略。为了让新品牌快速引爆，设计师还借用自己的人脉，找到一名做珠宝的国货品牌营销专家。经过一系列营销举措，如今该品牌在国货圈已经小有名气。

企业要持续发展，必须学会深度挖掘已有用户的价值，对流量池潜在的超级用户分门别类地进行运营，通过需求对接，通过资源组合，构建新的价值动量，引入新的增长基因，提升企业的品牌力。

超级用户助力企业提升品牌力主要表现在以下几点（见图 7-3）。

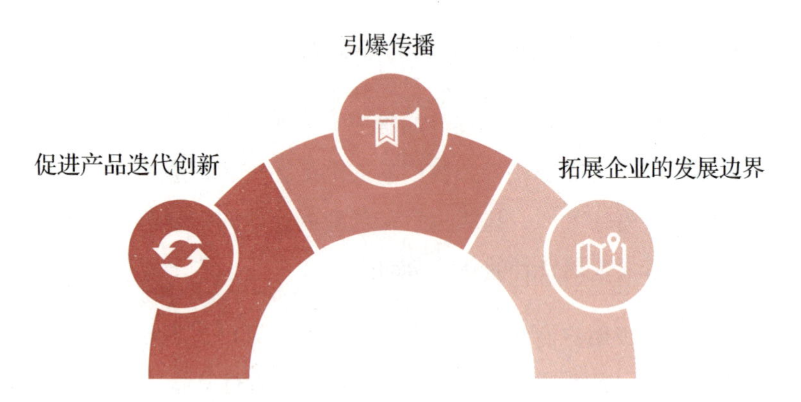

图 7-3　超级用户能提升企业的品牌力

（1）超级用户能促进产品迭代创新

企业的价值在于满足用户的需求。企业自建流量池，可以更深入地洞察老用户的痛点以及新需求，通过不断创新，实现持续发展。在所有用户中，超级用户通常是对企业提出更多需求的人，其需求对企业进行产品迭代更有价值。

以喜茶为例，该品牌有庞大而完善的会员系统。截止到2020年年底，光“喜茶GO”微信小程序的会员就超过3500万，一年内增长1300多万。喜茶的会员系统详细记录了会员的各类信息，包括购买行为和沟通互动的关键词等。通过深度运营会员，喜茶发现了一类特殊用户——女性KOC用户。她们自身重度热爱喜茶，她们的粉丝群也都爱喜茶，这类人经常会询问是否提供温热茶饮。喜茶根据这类用户的需求，马上推出了新的品类，满足了一大类人群的特需。

产品迭代是企业稳定发展的有效手段。企业进行产品迭代不能想当然。新产品只有符合终极用户的需求，才能快速打入市场，帮助企业获利，并持续提升品牌形象。

针对这一点来说，超级用户有两个重要的特征：意见最多、最新锐。企业必须要重视超级用户的意见和建议，从中发掘对自己有价值的信息来实现创新。

有互联网基因的元气森林，光一款气泡水两年内就推出了十几个口味，快速占据了气泡水的市场。它的产品数量增长之所以如此迅捷，就是因为充分利用了网络数据和超级用户的实时反馈，大大缩短了从研发到终端的过程。

数字化、智能化是有效把握超级用户需求的基础。抓住了数据回流的关键点和用户反馈的核心关键词，企业就可以快速研发新产品。更多更好的新产品有助于品牌快速占据消费者心智。

（2）超级用户能引爆传播

通过超级用户引爆市场是当前品牌最重要的营销手段，也是成本最低、效能最高的营销模式。小红书测评、明星直播，这些都是企业和超级用户连接引发病毒式传播的重要模式，也是最有效的模式。

对于熟悉商业环境、市场套路的超级用户来说，他们能敏锐地发现营销锚点，通过借势达到引爆传播的目的。

2021 年 6 月，润米咨询创始人刘润在朋友圈发了一条信息，大意是：最近对豪车毒老纪很感兴趣，谁正好认识，是否方便介绍一下？十分感谢。刘润的学生很多，影响力很大，很快有人将这条信息转到各种KOL、KOC的社群中，一些比较有影响力的KOL、KOC亲自在朋友圈转发，形成一股“找老纪”的旋风。据说，仅用一个小时就形成了100多个刘润和老纪的对接群。刘润轻而易举就认识了老纪。

事情到这里并没有结束，星辰教育创始人肖逸群（人称“私域肖厂长”）马上联系老纪，在征得老纪的同意下，不断在朋友圈复制“找老纪”文案，进一步推进“找老纪”的影响力。一些互联网的KOL、KOC看到“找老纪”成了热点，也在文案后加上自己的品牌，蹭一波流量。

而“找老纪”事件的主人公纪文华，在这场旋风中连接了大量有影响力的KOL、KOC。很短的时间内，“豪车毒老纪”就获得了几十万朋友圈、几百个社群的曝光，沉淀了1万多私域用户，成功销售了几种类型的豪车，累计成交5000万元。

刘润最后对这件事做了一个总结：在私域里，草比树更知春秋。

相比大企业，超级用户可能是草，但对市场最敏感，任何风吹都可借势，任何草动都有文章。在“找老纪”这场营销中，不但“豪车毒老纪”稳稳获利，而且推动旋风发展的所有超级用户也都在自己的圈层内有了收获。

（3）超级用户能拓展企业的发展边界

企业的合作者也是企业的超级用户。最近几年，跨界合作在产品创新、营销联动方面都有很好的成绩。

完美日记推出“十六岁眼影盘”时，和世界三大博物馆之一的大英博物馆进行联名，展开了跨界营销；推出“探险家十二色眼影”时，寻求的合作者是探索（Discovery）频道；推出“玉兔盘眼影”时，合作的对象是中国航天。

这种跨界合作，从产品属性上说，赋予了产品新的理念、新的情怀，使产品成为情感符号，增强用户的黏性；从资源动力上说，有效整合了用户资源，同时满足不同人群的需求，扩大了用户基数，让用户体验到另类消费的美好。

当前，这个时代的消费逻辑不是只依靠品牌单线传播，而是品牌触达第一批用户后，在各个内容平台上产生一定的口碑影响，然后再触达第二批用户。只有让第一批用户爱上品牌，品牌才会获得大面积的持续传播，也才能不断提升品牌的竞争力。

7.2.2　超级用户让企业的数字资产更值钱

如今，大多数企业在加速数字化、智能化建设。通过高科技的加持以及数据的采集，企业可以更清晰地获知消费者更详细的消费信息。对于企业来说，这些数据具有重大的战略意义，可以决定企业在未来如何进行布局、生产怎样的产品、进入哪一类细分市场、使用什么样的营销方式等。这些数据已经脱离数据的内涵，成为企业的数字资产。

什么是数字资产？简单来说，数字资产就是所有以数字形式存储的信息内容。它的涵盖面很广，包括企业的运营数据、销售数据、各业务系统结构、流程、消费者行为动态、在各环节生成的电子表格，也包括各种文本文件、音频文件等。

只有数据没有运营，数字就毫无意义。而要让数字活起来，企业就必须根据各类数字的深层含义，启动与消费者的互动。

在这场互动中，超级用户是核心驱动力，超级用户模式在一定程度上会使企业的数字资产升值。具体来说，包括两点。

（1）超级用户助力企业拥有更多数字资产

超级用户是企业和流量建立连接的重要接口，超级用户可以助力企业拉新、传播、运营等，使品牌的知名度更大。更多的用户群、更大的增长规模，使企业拥有更多的数字资产，获得更多市场的数据资料。

比起普通用户和企业，超级用户更具有种子用户的爆发力，可以帮助企业向更大的范围扩散。可以说，超级用户的规模和能量，直接决定了企业的未来格局和成长动力。

（2）超级用户让数字资产更有意义

数字资产的意义，不只是能够捕捉用户的需求，更重要的是对商业趋势的研判，让企业更早、更准确地把握未来经济制度的变革风向。

超级用户模式是一种生态组织模式，能把生产、交易、融资、流通所有环节都纳入一个生态平台。这样的联合不但可以提升生产效率、降低成本，使资源价值最大化，还能使企业有更多的触角感知更多链条上的变化。比如，在原材料市场变革与升级后，经过超级用户传导，企业可以快速改变生产配方，使用新材料、新技术让企业快速占领市场。

时代风向变了，往往是超级用户最先知道。

以国货潮为例，最近几年，中国消费市场发生了重大的变化，“90后”逐渐成为消费的主力军。新时代新生人的消费需求有个性、有特色，既有小众追求，又有大众统一。尤其随着国力的增强，中国在世界商业结构中话语权的提升，使消费者的文化自信和民族自豪感提升，并迅速带动国货潮的流行。消费市场的变革催生了一大批新品牌的诞生，完美日记、元气森林、钟薛高……这些品牌之所以能快速脱颖而出，一部分原因是创始人对时代的敏锐感知，另一部分原因是它们引入的是超级用户。

以元气森林为例，联合创始人鹿角曾说，她刚进入元气森林时，发现公司十几个员工都只有二十几岁，有的刚大学毕业。创始人唐彬森放权让鹿角去做新产品，要求就是做她自己喜欢的产品，而且不用管成本。这让鹿角很惊讶，她不是专业人士，也几乎没有经验。但她本身是重度饮料爱好者，每天都要喝几瓶，能做自己喜欢的产品，大大激发了她的热情，这种不设限的方式也让她的团队凝聚力变强。尽管不懂饮料专业知识，但他们的目标很简单，就是集中于自己的圈层，即做自己喜欢的，做身边人喜欢的，愿意分享给自己亲友的饮料。这个圈层的数据他们熟悉得可以直接用语言来描绘。唐彬森还规定，产品出来后，一定要在公司内试喝半年，记录体验数据，只有公司里的所有人都觉得好，而且他们身边的人都觉得好，才会将其推向市场。

越是在变革中心的超级用户，对企业的价值就越有意义。为什么元气森林会选择年轻人做员工、做产品研发，因为他们就是目标用户。未来是年轻人的，市场是年轻人的，所以元气森林选择的员工都是年轻人。员工已经成了企业的超级用户，他们需要先做消费者，再做研发者，最后才做员工，所以，他们不计成本，只做满意。

时代在变，消费方式在变，商业规则也在变。与其去追时代，做商业变革，不如让自己成为时代，让时代的背景成为企业的背景。所谓时代的背景，就是能推动时代发展的那部分人群，即我们说的超级用户。

如今的新兴企业，自创立之初就有超级用户的基因，以超级用户为主要组织成员。它们可能也需要试错，但让超级用户做背景，保证了企业大方向的正确。至于小细节，借势超级用户，一点点磨炼出来即可。

总之，采用超级用户这种新的商业模式，对内要加快数字化建设，深度挖掘老用户的价值；对外要经常性、有创意性地进行私域连接，进行思维碰撞、资源整合、联动营销等，建立多个外部连接点，形成具有扩容性的数字资产，助力企业腾飞。

7.2.3 超级用户会成为新创立品牌的主要组织成员

最近流行这样一段话：一个新的品牌创立，只要在小红书上发表 5000 篇测评，在知乎上发表 2000 篇问答，然后和网红合作，再和直播腰部 KOC 合作，就能迅速崛起。

这话虽然有些水分，却也说明在新品牌创立中超级用户能发挥重要作用。在这些渠道发力的要么是 KOL，要么是 KOC，他们不但拥有较强的传播能力，同时还有较大的消费影响能力。他们会成为新品牌的主要组织成员，并对新品牌的创立发挥重要作用。

(1) 超级用户是企业的开路先锋

最近十年内，新生企业因为超级用户轻而易举从夹缝里长成商业帝国的案例数不胜数。小米、拼多多、抖音……在它们起步路上，跑在最前面的，就是超级用户。一些大V型超级用户本身是有超级资源的人。一个对的超级用户有助于直接打造一个新的企业。

我们前面提到的小鹅通，在还是“鹅眼”的时候，技术虽然很优秀，但因为找不到市场，不知道该如何变现。正是遇到了吴晓波，改变了赛道，又通过吴晓波的转介绍，战略才逐渐清晰化，慢慢走通了品牌之路，并最终确立只做超级用户的 CTO。

传统时代，企业的创始人、高级管理者通常会参加 MBA 学习，这种学习的目标一方面是在内容方面获益，另一方面则是拓展人脉。很多人在企业生产运营中都会借助自己 MBA 校友的力量。

如今，互联网和多媒体使商圈搭建更容易，商圈的快速连接不但使商业从业人员能够快速收到前沿信息，还能因为思想的多维碰撞（不同行业、不同背景的人思维模式不同）而出现创意的火花。所以，新兴企业的创始人一般都会有商圈基因。即使没有，在创业之后，他们也一定会把大量的时间消耗在商圈内。这么做的主要目的就是去寻找超级用户，进行资源整合，为企业在各方面可能遇到的困境做开路先锋。

这是一个人人皆商的时代。我之前所在的企业黑马会之所以能快速崛起，是因为：它的定位非常符合时代的需求，是一个帮助创业者连接超级用户的平台；它拥有大量的超级用户，可以随时嫁接各类超级用户的资源。对于想要创业的年轻人来说，黑马会能带给他们更多的开路资源。

三四十年前建造的小区，建筑面积小，社区规划乱，物业服务几乎没有价值空间。大中城市社区的平均服务费为2元，而这些老小区的服务费只有几角，有的小区甚至只能收取垃圾处理费。然而，有一家名叫愿景的企业瞄准了这类小区的物业服务，尽管其收益只有0.43元的物业服务费和停车费。

愿景采用了超级用户模式。这类老小区里大多有很多收废品、捡矿泉水瓶，甚至摆小摊的人。他们是小区里或者附近的老住户，年纪大、养老金低，收废品不但可以增加一点收入，还能够活动筋骨，只是他们常常会因为占地盘产生矛盾。愿景将他们组织起来，给他们分了地盘，赠送了背面印有"社区清洁志愿者"的工作服，还为他们分出了收废品的空间。他们只需要打扫一下小区卫生，监督住户垃圾分类，就可以获得愿景的额外津贴。对于这些人来说，愿景把他们组织起来，给了他们地盘的主场感，以及管理社区的荣誉感、价值感和责任感，所以非常愿意积极地参与进来，成为企业服务环节的一员。

所谓具有优势的合作者，就是占据某类资源，有某种需求的人。所有的商业，无非就是为用户解决问题。当企业锚定了某个解决问题的方向时，可以先围绕这个问题，寻找周边在制造问题或者解决问题的群类，即企业可以联合的超级用户。企业通过满足他们的某类需求，使他们发挥在资源链上的作用。当然，这还是一场双向互动赋能，通过资源整合、价值循环再利用，实现价值最大化。

（2）超级用户是企业最具优势的合作者

“21 世纪，人才是最贵的。”人力成本提升在一定程度上甚至会成为企业发展的瓶颈，不然也就不会发生产业链迁移的事情了。但超级用户模式可以很好地解决这个问题。

企业在不同的维度找到最具优势的合作者，通过满足人的某类需求，改变原来需要用员工来维系企业价值实现的部分，以降低人力成本，创造价值增长空间。

管理大师彼得·德鲁克说：企业的目标是创造用户。只有企业采取行动（生产运营）满足用户的需求，用户才算真的存在，才开始诞生市场。产品在用户心目中的价值，才是产品的真正价值。要满足目标用户的需求，企业首先要找到超级用户，让超级用户为企业背书，让超级用户回答几个基本问题——企业解决了什么问题、为谁解决、怎么解决，然后将超级用户嵌入其生产运营的各环节，不断修正发展方向，提升增长动量，马力十足地向前发展。

用户运营四部曲

种子用户方法论

种子用户是创新、转型、新产品的灵魂！如何让创新可控，如何让新产品风靡，这本书给出了方法论。
本书在研究了跨越百年、涵盖近20个产业的创新、新产品的基础上，进一步追踪了人工智能、区块链、IoT时代，各类组织应用种子用户方法论及其工具进行的创新项目，针对“创新可控、新品风靡”给出了寻找和培养种子用户的具体行动步骤，帮助个人及组织实现从红海向蓝海的跨越。

用户运营方法论

百度资深产品和运营专家10余年经验总结，凝聚百度、小米、猫扑用户运营思想与方法精髓。
产品和运营双重视角，从9个维度全面讲解用户运营思维、方法、技巧，带你快速从新人到行家。

用户画像

超级畅销书，用户画像领域的标杆著作。
从技术、产品和运营3个角度讲解如何从0到1构建用户画像系统，同时它还为如何利用用户画像系统驱动企业的营收增长给出了解决方案。

用户增长方法论

这是一部体系化的讲解用户增长方法论的畅销书，战略层面讲解了用户增长的思维和方法，战术层面讲解了用户增长的执行要点和实战经验。
是作者10余年来在腾讯、百度和阿里从事用户增长工作的经验总结，得到了百度、腾讯、阿里、滴滴等10余家互联网企业的用户增长专家的一致好评和推荐。

场景商业四部曲

场景方法论

畅销书，一部有系统理论支撑、科学方法论指导的场景营销工具书，揭示了消费者主权时代产品畅销、长销且给用户提供超爽体验的商业逻辑和实操方法。

作者结合20余年的一线操盘经验，以星光珠宝、华诗雅蒂、大悦城、海底捞等多家著名企业的实践为蓝本，为期望在场景营销上向纵深推进的企业和从业人士提供全面、扎实、科学的战略引领、战术总结、工具提炼和案例复盘。

场景化设计

畅销书，从原理、方法和实战3个维度全面讲解场景化设计，它将让我们在产品设计和运营的过程中真正理解并做到以用户为中心。场景化设计是以用户为中心的底层逻辑，以用户为中心是产品和运营的灵魂。

本书是作者超过15年的产品经验的总结，首先分析了用户场景和业务场景的要素和原理，然后总结了发现场景的4种方法、设计场景的4种方法、运营场景的3个步骤，以及场景化设计在电商和在线教育等典型商业场景中的应用。

引爆社群

超级畅销书，本书提出的“新4C法则”为社群时代的商业践行提供了一套科学的、有效的、闭环的方法论。“新4C法则”在各行各业被大量解读和应用，累积了越来越多的成功案例，被公认为是社群时代通用的方法论。获得CCTV、京东、中国电子商会、《清华管理评论》、罗辑思维、溪山读书会、等大量知名媒体和机构的推荐，还成为多家商学院的教材。

感性商业

基于用户体验的创新管理思潮已经站在了商业舞台的中央，这是一部从企业管理、创新、经营3个维度系统化讲解用户体验如何为业务增长赋能的著作。

作者结合自己近10年来为数十家世界500强企业服务的经验，创新性地提出了“体验经济的内核是感性商业观”的观点，同时创造性地总结出了一套科学的体验管理理论体系“X.BUSINESS”。

华为四部曲

华为团队管理之道

这是一部从华为内部视角复盘和总结华为团队管理方法论的著作，它揭示了华为让20万人的超能组织持续保持活力和高绩效背后的秘密。

作者曾在华为工作14年，在华为集团总部和多个海外代表处任职，深度参与和见证了华为的多个组织变革管理和人力资源管理项目，本书是华为团队管理规范、方法和经验的系统性梳理。

华为数据之道

超级畅销书，数字化转型与数据治理领域的标杆性著作。

从技术、流程、管理等多个维度系统讲解华为数据治理和数字化转型。华为是一家超大型企业，华为的数据底座和数据治理方法支撑着华为在全球170多个国家/地区开展多业态、差异化的运营。书中凝聚了大量数据治理和数字化转型方面的有价值的经验、方法论、规范、模型、解决方案和案例，不仅能让读者即学即用，还能让读者了解华为数字化建设的历程。

华为数字化转型之道

华为公司官方出品，华为轮值董事长/变革指导委员会主任郭平、华为董事/质量与流程 IT 总裁/CIO陶景文联袂推荐。

从认知、理念、转型框架、规划和落地方法、业务重构、平台构建等多个维度全面总结和阐述了华为自身的数字化转型历程、方法和实践，能为准备开展或正在开展数字化转型的企业提供系统、全面的参考。

业务为本

本书脱胎而不囿于华为和阿里的管理思想和实践经验，为广大HR和业务管理者呈现图文并茂的实战案例和直击本质的方法体系。

作者在华为和阿里工作16年，有丰富的软硬件研发、业务管理和人力资源管理经验，是一位跨专业、跨领域、跨文化、跨地域的资深业务HR专家和HRBP管理者。作者力图深度融合业务与组织、实践与理论、宏观与微观，从现象中透析本质，从个别中提炼一般，进而助益于千行百业更大范围的创新创业。

作者从“业人一体”的视角切入，对HRBP的核心理念、核心能力、价值创造进行系统整合，构建HRBP的“云、雨、沟”体系。

SaaS三部曲

SaaS商业实战

畅销书，资深SaaS专家12年行业经验总结，微软、腾讯、字节跳动等10余家企业的专家一致推荐。

涵盖SaaS商业实践全部关键要素，从行业机会、商业模式、价值模型、成功路径、经营系统5个维度全面梳理了SaaS商业实战的核心内容，详细阐述了如何一步步将好模式变成好生意的全过程。

SaaS攻略

这是一本能带领你零基础入门SaaS行业并迅速成长为SaaS专业人才的实战性著作。资深SaaS专家撰写，安永、北森、崔牛会等多家企业的SaaS专家联袂推荐。

全书内容围绕SaaS客户的全生命周期展开，从SaaS的通识、获客、上手、留存4个维度帮助你快速构建完整的SaaS知识体系，涵盖SaaS的产品、运营、营销、销售、客户成功等多个主题，是SaaS领域从业者的案前攻略。

客户成功

畅销书，客户成功领域的标杆作品，从业者推崇经典。前字节跳动企业SaaS应用客户服务负责人撰写。

这是一部从企业和个人（客户成功团队）双重视角讲解客户成功的著作，从商业模式、职业技能、工作方法、团队管理、行业经验、客户运营等多个维度对客户成功进行了全面阐释。